Viktor Frankl e Scienza

2023

Henri Gillet

Contenuto

Nota: questo libro è stato tradotto utilizzando l'Intelligenza Artificiale. Il traduttore apprezzerebbe molto se il gentile lettore inviasse qualsiasi commento o correzione a gillet.joel@gmail.com. Grazie molto.

PREFAZIONE

Karl Marx disse notoriamente: "Non si tratta di capire il mondo, si tratta di cambiarlo". Ammetto di essere uno di quelli che si è sempre chiesto se non fosse più pertinente cercare di capirlo prima di volerlo cambiare.

Sono sempre stato interessato alle descrizioni e alle spiegazioni del mondo offerte dalla scienza, da quelle più rigorose come la cosmologia o la fisica a quelle che aspirano ad esserlo come la sociologia e la psicologia. Speravo certo di soddisfare una curiosità che mi sembrava naturale, ma forse anche di trovare lì quello che cercavo, una sorta di coerenza, trascendenza, senso. Allo stesso tempo, mi è dispiaciuto molto questo mondo che, sempre di più, si è mostrato privato, carente, fino a suggerire la sua autodistruzione.

Quando ero più giovane, i miei studi prevalentemente scientifici mi avevano interessato con il mirabile rigore della matematica e la sobria eleganza della fisica. Ma il materialismo deterministico che lo sosteneva e che spiegava il presente e il futuro esclusivamente attraverso incontri fortuiti nel passato, tra materia e forze emerse dal nulla, mi sembrava intellettualmente brillante ma filosoficamente insufficiente. Sembrava più un postulato che permetteva di costruire la scienza contro la religione.

Allo stesso tempo, un certo numero di scienze umane, così come le neuroscienze, hanno rappresentato l'uomo come prodotto esclusivo del suo passato e del suo ambiente, negandogli ogni effettiva libertà e ogni reale responsabilità. Guardare gli altri e me stesso in questo modo sembrava ugualmente angosciante.

La nostra società attribuisce a ciascun essere umano una specifica dignità, che logicamente può basarsi solo su una specifica dimensione umana. Quindi, osservare che la scienza, su cui si basa questa società, si interroga su questa specifica dimensione dell'uomo, mi è sembrato paradossale.

Dopo i miei cinquant'anni, ho scoperto Viktor Frankl e l'analisi esistenziale. La visione dell'uomo che vi descriveva, quella di un essere libero e responsabile in cerca di senso, mi sembrava chiaramente chiara, ma ero frustrato di non poterla stabilire su una solida base oggettiva. La scienza, infatti, ha negato a Frankl la dimensione spirituale dell'uomo, all'origine di questo bisogno di senso.

Negli ultimi anni mi sono interessato a nuove riflessioni scientifiche, sia fisiche che psicologiche, che mettono in discussione questa interpretazione strettamente deterministica, materialista e riduzionista del mondo. I lavori più recenti, nel campo dell'astronomia, della fisica, della paleontologia o della psicologia, danno ora un'opinione molto più sfumata su questo determinismo assoluto del passato. Arrivano ad evocare come unica spiegazione possibile di un certo numero di fenomeni, l'effetto di un progetto in atto. Pertanto, la realizzazione di un futuro deve essere presa in considerazione anche nella comprensione del presente. La combinazione di questi diversi punti di vista dà nuova forza a questa ipotesi di un Universo e di un'umanità che non sono semplicemente il risultato di "caso e necessità".

Queste nuove riflessioni aggiornano Frankl convinto che l'uomo, grazie al suo libero arbitrio, sia dedito alla realizzazione di un futuro dotato di significato. Mi sembrano rendere credibile l'ipotesi di una fine di cui tener conto nella nostra visione di noi stessi e del mondo. Ma queste riflessioni, molteplici e non sempre coerenti, sono a volte difficili da comprendere per l'uomo comune che io sono, e ancora più difficili da descrivere semplicemente. Tuttavia, sono stato coinvolto. Pertanto, ho cercato di scriverli in modo tale che siano leggibili e interessanti per la maggior parte, compresi i miei nipoti, a condizione che i loro genitori li aiutino in qualche misura.

Un giorno sono stato sfidato da questo filosofo che ha notato come le nostre domande a volte siano così belle e le risposte così spesso deludenti. Ha avanzato come spiegazione che la ricerca è al di là di noi mentre le risposte che possiamo formulare sono solo alla nostra misura. Se le riflessioni che seguono possono aiutare coloro che sono ancora in azione, costruendosi una vita o crescendo figli, e che ascoltano o formulano le stesse ricerche, per aiutarli a forgiare risposte un po' meno imbarazzanti, allora non saranno state inutili, e io sarebbe abbastanza contento.

INTRODUZIONE

Nella seconda metà del XIX secolo, la scienza sembrava sull'orlo di un traguardo definitivo, viste le numerose e importanti scoperte che si susseguirono. Naturalmente, molto restava da sapere, ma la fisica descriveva l'Universo e come funzionava con tale chiarezza che era ragionevole supporre che gli elementi essenziali fossero vicini ad essere pienamente compresi. Il principio su cui si basava la scienza è stato verificato: tutto ciò che esiste in natura è spiegato da qualcosa che esiste in natura.

Newton aveva mostrato due secoli prima fino a che punto l'Universo fosse un immenso meccanismo determinato dalla legge matematica della gravitazione. La conoscenza scientifica è stata quindi stabilita come certezza. Il vasto mondo era sempre stato lì, identico, e seguendo quelle leggi. Pertanto, la questione della sua origine non esisteva più. Gli esseri viventi sono apparsi e si sono sviluppati sulla Terra per caso e per selezione naturale.

Tutto era fatto di materia su cui agivano forze. E nient'altro che materia e forze erano necessarie per decifrare l'Universo. Nessun'altra spiegazione era necessaria per concepire il mondo nel suo insieme. Il riferimento ad un altro livello di realtà, ad una dimensione trascendente, alle divinità, ad un Dio, ad uno spirito, era diventato inutile.

Nello stesso momento in cui la scienza ha disincantato il mondo, ha rivelato all'uomo quanto avesse sbagliato a pensare di occupare un posto speciale in esso. L'astronomo polacco Copernico aveva già deprezzato, due secoli prima di Newton, il posto della Terra mostrando che non era al centro dell'universo. Quindi Darwin, a metà del XIX secolo, ci ha mostrato che l'uomo era solo un animale tra gli altri, solo più evoluto.

Le scoperte dell'inizio del XX secolo hanno ulteriormente relativizzato il posto dell'uomo nell'Universo. Nel 1924, l'astronomo americano Edwin Hubble stabilì l'esistenza di altre galassie. Non solo la Terra non è al centro del mondo, non solo il Sole è solo una normale stella nella nostra galassia, ma la nostra stessa galassia è solo una galassia tra miliardi di altre.

L'emergere della vita, dell'intelligenza e della coscienza, attribuita al caso, non fu altro che un incidente nella lunga marcia dell'Universo. E per Freud l'uomo non solo non era al centro del mondo, ma non era nemmeno padrone di sé stesso. Gran parte delle sue azioni erano dettate da qualcosa di cui non era a conoscenza. Freud ha parlato della triplice umiliazione inflitta all'uomo da Copernico, Darwin e lui stesso. Tutti e tre hanno svalutato il posto dell'essere umano nella propria rappresentazione del mondo universale.

È in questo contesto intellettuale che lo psichiatra austriaco Viktor Frankl ha forgiato una nuova teoria psicologica. Era caratterizzato dalla dimensione spirituale che attribuiva all'uomo e che era all'origine della sua ricerca di senso. Andava così controcorrente rispetto alla trionfante tesi del materialismo scientifico. Frankl è stato il primo a sollevare la questione del significato in psicologia. E, infatti, oggi è difficile interessarsi di psicologia senza rendersi conto che la ricerca del senso è diventata un'esigenza umana ineludibile.

Fu ovviamente influenzato da psicologi e filosofi che lo avevano preceduto. Dai suoi contributi, e dalla sua tragica esperienza di vita, ha elaborato una sintesi globale e coerente. La sua non è stata solo una psicoterapia per certe nevrosi, caratterizzate dal senso di vuoto e di assurdo, che ha chiamato Logoterapia. Ha anche formato un'antropologia, una riflessione filosofica sull'uomo e sull'umanità, che ha chiamato Analisi esistenziale.

Frankl si oppose alle teorie scientifiche del suo tempo, rifiutandosi di includere l'uomo nel suo determinismo generale. E così facendo, si è scontrato con il maestro della sua stessa disciplina, Sigmund Freud, attaccato al dogma scientifico secondo cui tutti i fatti osservabili sono spiegabili con cause passate, anche in termini di psiche.

Tuttavia, Frankl era stato per la prima volta un giovane discepolo di Freud. Si è poi unito ad Alfred Adler, padre della psicologia individuale. Ma ha rapidamente preso le distanze dai suoi due insegnanti. Per lui l'essere umano non era solo alla ricerca del piacere, come affermava Freud, e dello status, come pensava Adler, ma sperimentava anche e soprattutto il bisogno di sentire che la sua vita aveva un senso.

Questa concezione può sfidare molti di noi, e in particolare coloro che raggiungono una fase della loro vita in cui la messa in discussione dell'esistenza è inserita, persino imposta, tra gli altri temi che li avevano ampiamente occupati fino ad allora: diventare adulti, fondare una famiglia, crescere i figli, avere successo professionalmente, godere dei piaceri ordinari, superare meglio le difficoltà, i fallimenti, l'inevitabile sofferenza della nostra condizione.

Questa analisi esistenziale ha definito una visione dell'uomo che ha risposto a domande diventate improvvisamente importanti:

- Quale rappresentazione dell'essere umano, e in particolare dell'adulto, offrire ai propri figli?
- Quali sono le vere e profonde motivazioni delle persone nella tua vita e nelle sue componenti, come nella tua attività professionale?
- Come esistere in una società materialista, individualista, consumistica, che può sembrarci così irrisoria?
- Da dove vengono questi valori morali, questa coscienza, che a volte ci dà questa sensazione di scherno?

- È così scientificamente aberrazionale supporre che le dimensioni fisiologica e psichica non siano sufficienti a definire compiutamente l'entità umana, e quindi che sia plausibile o addirittura necessaria una dimensione dello spirito?
- Quali riflessioni, in assenza di risposte, portare a queste domande che innegabilmente si pongono a molti di noi: sulla vita, l'uomo, la coscienza, lo spirito, l'Universo: Perché? Perché?

Emmanuel Kant, uno dei grandi referenti del pensiero occidentale, ne ha già illustrati e condensati a modo suo alcuni: "Due cose riempiono la mia mente di stupore ogni volta che le considero: la volta stellata sopra di me e la legge morale dentro di me. ". Queste due cose sono oggetto di ricerca scientifica fondamentale volta a comprendere e spiegare l'Universo da un lato, e la mente umana dall'altro. Se la scienza a volte è difficile da decifrare, Viktor Frankl esprime idee che sono più alla nostra portata:
- La ricerca del piacere, la soddisfazione dei propri istinti, del proprio ego, della propria sete di riconoscimento, non bastano a definire la nostra dimensione di umanità.
- L'esigenza di libertà non può essere disgiunta da un obbligo di responsabilità.
- L'aspirazione a valori superiori, dell'ordine della coscienza o dello spirito, non è espressione di un'alienazione psichica.
- Il bisogno di senso della vita stessa è l'emanazione del senso della vita e quindi di qualcosa che ci è superiore.

Questa teoria psicologica di Frankl, diffusa in Austria, Germania o Nord America per più di mezzo secolo, è stata ampiamente ignorata in Francia e in altri paesi europei, fino a una decina di anni fa. Ovunque, però, dovette confrontarsi con una Scienza che squalificava ogni approccio intellettuale che pretendesse una spiegazione diversa da quella materiale.

In pratica, la psicologia materialistica aveva mostrato abbastanza rapidamente i suoi limiti, e questo ha permesso la nascita, negli Stati Uniti, della psicologia umanistica ed esistenziale, vicina in certi punti alla teoria di Viktor Frankl. La logoterapia, infatti, è diventata un punto di riferimento per le moderne psicoterapie sviluppate come risultato di queste mitologie umanistiche ed esistenziali. Frankl ottenne così finalmente un certo riconoscimento in Francia, anche perché beneficiò, per associazione, dell'importante successo di questi emblematici psicologi americani, Rollo May, Abraham Maslow, Carl Rogers, Irving Yalom...

Eppure il pensiero di Frankl merita di essere considerato a sé stante. Porta con sé una visione dell'uomo sufficientemente sviluppata da non essere confinata a un ruolo di ispirazione per altre psicologie dominanti.

Al di là dei pilastri della sua psicologia, che sono la ricerca di senso, la libertà di volere, la responsabilità di esistere, che hanno ispirato i suoi colleghi d'oltreoceano, c'è una base da cui emergono questi concetti. È la trascendenza dell'essere umano, quella dimensione diversa da quella materiale, senza la quale crollano gli altri concetti. Come, infatti, secondo Frankl, un essere composto di sola materia nelle sue dimensioni fisiche e psichiche potrebbe volersi interrogare sul senso della sua esistenza?

E infatti la sua teoria si basa sull'integrazione della dimensione spirituale dell'uomo, generando il suo libero arbitrio e la sua responsabilità. Le persone che accettano questo riferimento alla spiritualità possono facilmente accettare questa teoria. Ma chi, resistendo a questa dimensione, o rifiutando di mescolare i generi in un campo medico che pretende rigore scientifico, difficilmente può accettare questa psicologia, anche se non è opponibile ai grandi principi deterministici e materialisti della scienza.

Nel frattempo, qualcosa di straordinario sta accadendo nel mondo della scienza negli ultimi decenni. Il significato, la coscienza, sono diventati argomenti di dibattito lì. Così impariamo che la coscienza crea la sensazione che abbiamo della realtà, quindi del nostro mondo.

Gli straordinari progressi della fisica fondamentale, che cerca di comprendere l'Universo dalla più grande, il cosmo, alle particelle più piccole, lasciano spazio a qualcosa di più della materia, in assenza di poter spiegare l'Universo esclusivamente attraverso la materia. Questo apre possibilità a nuove riflessioni in altri campi, le scienze umane, le scienze della vita, la psicologia, la filosofia, ecc.

Lo scopo di questo documento è, in un certo senso, rendere giustizia a Frankl che, convinto della rilevanza della sua intuizione, si oppose al materialismo deterministico dominante del suo tempo. Nel suo riferimento a una specifica dimensione umana, a una coscienza immateriale che la scienza aveva poi delegittimato, è in sintonia con le ipotesi di illustri scienziati moderni.

I tratti principali del pensiero di Frankl sono presentati nella prima parte di questo libro, evidenziando come esso sia fondamentalmente caratterizzato dall'affermazione di questa dimensione spirituale nell'uomo. Questa convinzione sarà all'origine, in psicologia, del primo confronto tra materialismo e determinismo da un lato, e spiritualismo e libero arbitrio dall'altro. Questi scontri persistono ancora.

La seconda parte sarà dedicata all'evoluzione del pensiero scientifico mondiale. La scienza in cui Frankl era immerso deve ora affrontare, in vari campi, domande senza risposte materialistiche soddisfacenti. Il principio scientifico consistente nel cercare, comprendere e definire sempre le componenti più elementari per apprendere il globale, inciampa nell'incomprensione di cosa sia veramente la materia elementare, una vibrazione o una particella, o entrambe allo stesso tempo.

Le scienze della vita, la cosmologia e persino la fisica fondamentale, l'ultima scienza di riferimento, stanno discutendo il ruolo della coscienza e dell'immateriale nella spiegazione delle osservazioni o dei risultati degli esperimenti. Se l'intuizione di Frankl di una dimensione spirituale umana non è formalmente confermata, può almeno apparire oggi come un'ipotesi scientifica accettabile.

L'ambizione qui è quella di presentare con chiarezza i termini del dibattito tra materialismo esclusivo e dualismo, accogliendo una dimensione spirituale, che ha attraversato il pensiero scientifico per diversi decenni. Ciò implica una descrizione alquanto dettagliata, anche se molto semplificata, delle teorie scientifiche evocate. È importante mostrare che il dibattito qui non è ideologico, ma vuole essere il più razionale e argomentato possibile in questo tipo di lavoro.

L'ultima parte presenterà analisi esistenziali rafforzate da queste scoperte o reinterpretazioni scientifiche, e tanto più legittime nella loro ambizione di aiutarci nella nostra volontà di esistere. È una filosofia di vita necessaria per la comprensione degli individui e delle società di oggi, e una fonte di riflessioni rigeneratrici per il mondo di domani. Se i contributi della psicologia aiutano a capire l'uomo, il suo funzionamento e le sue motivazioni, l'analisi esistenziale aiuta anche a capire perché l'uomo ha bisogno di capire sé stesso e il mondo. È una riflessione sulla condizione umana, sulla sua capacità di superare i suoi desideri, i suoi bisogni, le sue emozioni, con un'attitudine a mobilitare facoltà superiori, e su questo imperioso bisogno di senso.

Questa visione dell'essere umano alla ricerca della realizzazione dei valori, dell'esercizio della sua libertà in ogni responsabilità, portato ad andare oltre sé stesso, è anche una visione dell'uomo di città. È una visione politica del cittadino, nel senso primario del termine. In un momento in cui il posto e il ruolo dell'uomo nella società è messo in discussione, non più determinato da istituzioni e tradizioni, l'analisi esistenziale fornisce elementi propizi per questa ridefinizione.

CAPITOLO I. Una psicologia dello spirito di fronte al materialismo

La psicologia è l'ultimo campo che ha rivendicato, nel diciannovesimo secolo, costituiscono una scienza in sé, distaccandosi dalla filosofia. Per ottenere questo riconoscimento, doveva ispirarsi ai metodi di ragionamento e allo sviluppo delle teorie che le scienze avevano custodito.

La scienza si era basata sul tenere a debita distanza il soprannaturale e gli dèi e sulla spiegazione di tutti i fenomeni naturali mediante cause naturali precedenti. Si era sviluppato rifiutando e negando il mondo spirituale. Questo approccio, nato in Grecia più di 25 secoli fa, questo "rifiuto del miracolo", questa idea che tutto nel mondo è prodotto da leggi dove non c'è spazio per l'intervento personale di esseri superiori, è stato impiantato in tutti i paesi che ha ereditato la cultura greca.

Tuttavia, durante i secoli di dominio del pensiero occidentale da parte della religione cristiana, gli studiosi, o per sincero convincimento religioso o per paura dell'ira della Chiesa, hanno dovuto cercare di studiare la natura pur integrando l'esistenza di un Dio. onnipotente. Copernico, Cartesio, Keplero, Pascal, hanno spiegato le leggi naturali di un mondo inferiore, comprensibile da un'intelligenza umana, preservando un mondo superiore dove Dio ha organizzato l'Universo.

Ma a poco a poco, il successo delle sue riflessioni ha indotto nella stragrande maggioranza degli scienziati la convinzione che non fosse più necessario un essere superiore per spiegare il mondo. Lo Spirito era diventato inutile poiché tutte le cause erano evidentemente di questo mondo.

Inoltre, questa straordinaria capacità della scienza di prevedere eventi futuri dalla conoscenza di eventi passati e presenti è stata sempre più affermata. Questa nozione di determinismo prese naturalmente il sopravvento. Il futuro dell'Universo è inscritto nel suo passato. L'uomo, essendo parte dell'Universo, essere materiale in un mondo materiale, è quindi anche naturalmente determinato dal suo passato.

Questo modo di pensare, che presuppone che tutti gli eventi possano essere spiegati dalle leggi della scienza, è la base dell'impresa scientifica. Ed è innegabile che questa volontà di spiegare fatti di questo mondo con cause di questo mondo ha permesso lo straordinario progresso della scienza. La conseguenza è che qualsiasi violazione di questo postulato diventa, nella mente di tutti coloro che aspirano al riconoscimento scientifico, una mancanza di metodo, una mancanza di rigore, una manifestazione di incompetenza o disonestà.

A) La psicologia vuole affermarsi come scienza

Quando Viktor Frankl pubblicò i suoi primi articoli prima della seconda guerra mondiale, il positivismo e il riduzionismo materialista dominavano il clima intellettuale e morale dell'epoca. Il positivismo è quella dottrina per la quale contano solo i fatti e l'esperienza scientifica. Il riduzionismo materialista è quella visione che riduce tutto, e quindi anche l'uomo, esclusivamente alle sue componenti naturali e materiali. La negazione dello spirito ne è la logica conseguenza.

L'evoluzione di Frankl fu dominata da Freud, che aveva effettivamente esteso i postulati della scienza alla psicologia. Il modello freudiano del funzionamento psichico si basa su un principio di confronti energetici preso dalle scienze fisiche. L'individuo è animato da forze contrastanti, e pensieri ed emozioni sono il prodotto di queste forze antagoniste, che sono per lo più inconsce. L'intera spiegazione del comportamento è ridotta al lavoro delle pulsioni di base.

Il funzionamento psichico era il prodotto di un arbitrato tra una domanda interna di soddisfazione immediata dei desideri e una pressione esterna che rifiutava o ritardava questa soddisfazione immediata. Questa pressione esterna è chiamata principio di realtà. L'individuo, mosso dai suoi impulsi aggressivi e sessuali, si oppone a un mondo che gli proibisce di soddisfarli. Inoltre, poiché questo funzionamento psichico è determinato da eventi passati, prodotti dall'ambiente o da pulsioni, è essenziale ricostruire il passato per spiegare il presente.

Frankl ammirava il genio di Freud ei suoi contributi nel suo campo, ma non poteva accettare questo rifiuto dello spirito. La sua intuizione era contraria, sia filosoficamente che psicologicamente, così come ciò che poteva percepire nei suoi pazienti. Non poteva rinunciare a quella spiritualità che considerava necessaria e che Freud riteneva inutile, frutto di una nevrosi che chiamava superstizione o religione.

B) Frankl sviluppa l'analisi esistenziale

Per Frankl, l'uomo non è solo mosso dai suoi impulsi, ma anche dai suoi valori. Paragonava la psicoanalisi freudiana alla visione di un certo impiegato delle fogne, che della città percepisce solo la rete sotterranea delle energie e delle utilità, quella degli affetti e delle pulsioni. Questo impiegato ignora la città in superficie, con le sue università, le sue chiese, i suoi templi... Pertanto, non vede che gli impulsi sono soprattutto un'energia che alimenta l'aspirazione ai valori spirituali.

Quando ci si propone di addentrarsi nel pensiero di Frankl, ci si trova di fronte a termini che nella vita di tutti i giorni sono usati raramente o hanno significati diversi. Pertanto, è utile cercare di definire in modo semplice e chiaro ciò che Frankl intende con parole come significato (della vita), trascendenza, coscienza, spirito, esistenza e la loro relazione con il libero arbitrio e la responsabilità. Non è che la sua riflessione sia di per sé difficile da integrare, anzi, è chiaro. Ma a volte è legato a concetti che usiamo solo eccezionalmente nella nostra esperienza di vita, nella nostra quotidianità.

Spieghiamo brevemente questi termini. Il loro significato diventerà più chiaro quando saranno integrati negli sviluppi che seguiranno. Sono tanto più essenziali da definire in quanto alcuni di essi sono riapparsi anche nella terminologia scientifica corrente, come il significato dell'universo nella cosmologia, la coscienza nella scienza della vita, persino nella definizione della realtà, nella fisica fondamentale.

- **Senso (o significato):**

Il significato qui evocato in "il senso della vita" a volte è più facilmente definito partendo dalla definizione di assurdità, che è un sentimento di inutilità, un sentimento di vuoto interiore. È l'assenza di significato quella che si avverte più spontaneamente e quindi la più facile da definire. Una vita senza senso non è necessariamente degna di essere vissuta. Al contrario, il significato della tua vita è ciò che ti dà la sensazione che valga la pena di essere vissuta.

Più positivamente, il significato include una dimensione di significato, di valore. Implica anche la coerenza con un contesto più globale. E infine, c'è una direzione, uno scopo, più o meno chiaramente definibile ma ovvio, e che può essere intuitivo.

Il significato è soggettivo. Un individuo percepisce che la sua vita ha senso se la apprezza, se la sente utile, animata da valori, orientata verso un ideale, un assoluto, o comunque verso progetti che sente importanti.

Verrà evocato anche il senso dell'universo, con questa prima componente di direzione, di evoluzione verso uno scopo, nulla dovuto al caso erratico. Ma integra anche la realizzazione di questo scopo in qualcosa in cui siamo coinvolti, come rappresentanti della vita e della coscienza.

- **Esistenza:**

L'uomo esiste quando è consapevole di non essere del tutto determinato, quando esprime la volontà di scegliere la propria vita, quando si assume la responsabilità di realizzare ciò che è. Le domande esistenziali sono quelle domande fondamentali sul senso, l'interesse o l'utilità della vita stessa, che possono interrogarci in qualsiasi momento, e soprattutto quando ci troviamo di fronte a questioni cruciali come la morte, la solitudine, la sofferenza, la libertà.

La filosofia esistenziale è stata forgiata per cercare di rispondere a queste domande. Offre così riflessioni, percorsi, atteggiamenti, atti a dare un senso alla propria vita, e quindi aiutare a vivere pienamente. Raccomanda, tra l'altro, di esercitare la responsabilità del volere e dell'agire, realizzando progetti che rispondano al dramma della solitudine, dell'angoscia e della disperazione.

Le terapie esistenziali vengono applicate per aiutare i pazienti affetti da nevrosi o angoscia esistenziale, in difficoltà ad affrontare il senso dell'assurdità della vita, la solitudine nella vita e ad affrontare la morte, la paura della libertà e della responsabilità. Si propongono di condurre i pazienti, con l'aiuto di una profonda riflessione personale, a voler vivere pienamente, al fine di definire e attuare una vita che elimini o renda sopportabile l'angoscia generata.

Dobbiamo avvertire che questa definizione dell'esistenza, intesa come voluta e decisa liberamente, contrapposta a quella della vita, che invece è subita perché determinata, è una convenzione e non è condivisa da tutti. Alcuni autori invertono le terminologie per le stesse dimostrazioni. Victor Hugo nel suo ampio poema "Coloro che vivono sono coloro che combattono", o Frédéric Lenoir nelle sue opere, ne sono esempi. Chiamano vivere ciò che noi qui chiamiamo esistere e viceversa. Rimarremo con le distinzioni e le definizioni della filosofia esistenziale.

- **Consapevolezza:**

Di tutti questi concetti, questo è senza dubbio il più difficile da spiegare. È stato detto che sappiamo di cosa si tratta, purché non sia necessario definirlo. Un approccio medico semplificato lo descrive come uno stato generale di vigilanza e reattività, dipendente dal sistema nervoso centrale e che consente alla persona di relazionarsi con sé stessa e con il suo ambiente.

Per un filosofo, la coscienza è la conoscenza, intuitiva o riflessa, che ciascuno ha della propria esistenza o di quella del mondo esterno. Inoltre, la coscienza, al di là di «questa presenza a sé», questa autocoscienza, designa anche il fatto di poterne rendere conto, di parlarne.

La coscienza designa anche il "senso morale", questa capacità di distinguere il bene dal male, di valutare le situazioni. L'autocoscienza è la nostra capacità di riconoscere la nostra storia di vita mentre la consapevolezza morale è un'attività che esamina e critica; è propriamente una "percezione intuitiva dei valori".

La coscienza può essere definita passiva quando è semplicemente sveglia e attenta, e attiva quando esercita la libertà di agire.

Tuttavia, ci troviamo di fronte a una difficoltà: abbiamo solo la coscienza per valutare cosa sia la coscienza. E se le nostre attuali conoscenze non consentono ancora una descrizione della natura della coscienza, oggi sembra impossibile considerarla come indipendente dalle funzioni biologiche del cervello.

Vedremo che la fisica contemporanea ora identifica diversi livelli di realtà e invoca la nozione di coscienza per definire ciò che distingue queste realtà.

- **Spirito, spiritualità, noetica:**

Da un punto di vista filosofico, lo spirito è definito in opposizione alla materia, come una sostanza separata dal mondo fisico. Questa componente impalpabile è quindi diversa dal corpo. La spiritualità è questa capacità di riconoscere questa componente.

Per Frankl, la spiritualità, che è correlata allo spirito, non è fede in Dio, sebbene possa includerla. Comprende la ricerca della saggezza, del senso della vita, delle risposte alle domande esistenziali. È anche una capacità di allontanarsi dal mondo, anche di ritirarsi dalla realtà materiale.

Frankl, in quanto scienziato che si astiene da qualsiasi riferimento a Dio, e in quanto medico dedito a curare tutti, compresi gli atei materialisti, è stato molto attento a sottolineare la natura secolare della sua psicoterapia. Dopo aver usato inizialmente la parola tedesca " Geist ", scoprì che le traduzioni inglese e francese per "spirito" deducevano una nozione di spiritualità religiosa. Poi lo ha sostituito con "noetico" dal greco "noos", che è più neutro, poiché significa anche "intelligenza, pensiero". Frankl, a questo proposito, si è detto molto vicino alla definizione di Einstein della propria spiritualità. La parola spirito sarà usata in questo libro per indicare questo "noos".

Questi diversi concetti sono al centro dell'analisi esistenziale sviluppata da Viktor Frankl. Questa analisi lo ha messo di fronte in tenera età e, prima di tutto, con la questione del significato. Ancora adolescente, ha rifiutato il nichilismo del suo tempo, questa nozione inventata dai romantici tedeschi per designare questa assenza di ogni convinzione, religiosa, estetica, scientifica, politica.

Scoprì con grande interesse l'opera di Freud, che aveva notevolmente arricchito le intuizioni e le ipotesi sull'inconscio di alcuni suoi predecessori. Frankl era sensibile anche a questo approccio terapeutico che contrastava con quelli attuati fino ad allora, per via di un comportamento molto umano, dove si riceve un paziente in un ambiente protetto, sicuro, nel proprio studio. Ma se ne separò piuttosto rapidamente, incapace di aderire a questa psicoanalisi che percepiva come troppo riduzionista.

Si rivolse poi, all'età di 19 anni, ad un vecchio discepolo di Freud, Alfred Adler. Aveva respinto le concezioni freudiane dei conflitti intrapsichici tra le autorità dell'Io, dell'Es, del Super-io. Per Adler l'uomo si preoccupa innanzitutto di superare il proprio sentimento di inferiorità, fin dall'infanzia, attraverso meccanismi di compensazione. Ma Frankl non accettava nemmeno questa visione, ancora troppo deterministica, e che non riconosce il libero arbitrio dell'uomo.

Era generalmente scoraggiato da questa psicoanalisi ispirata dalla tettonica a placche e dalla fisica dell'energia, e da questa psichiatria basata sulla chimica. Si rammaricava che la psicologia del suo tempo non osasse, per lo più, integrare la dimensione spirituale, che considerava ciò che caratterizza l'uomo. Decise così di definire una propria visione dell'Uomo e della conseguente psicoterapia.

Frankl sviluppò, negli anni Trenta, le riflessioni che finalizzerà al ritorno dai campi di concentramento, sotto i nomi di Analisi Esistenziale, per la sua visione dell'uomo, e di Logoterapia nella sua versione psicoterapeutica.

L'originalità dell'analisi esistenziale consiste nell'affermare che la motivazione umana fondamentale è soprattutto quella di trovare un senso alla propria esistenza, e che questo bisogno di senso è l'espressione della dimensione spirituale propria dell'uomo. **In questa teoria, la vita mentale non si riduce alla sola psiche; contiene lo spirito. E lo spirito e la psiche non si confondono.**

Il fisico e lo psichico sono della stessa natura, fatti di materia, a differenza dello spirito. Questa dimensione della mente dell'essere umano non si distingue altrove come tale, né nella psicoanalisi di Freud, né nella psicologia individuale di Adler, e neppure nella psicologia umanistica di Maslow. Secondo Frankl, solo l'essere umano ne è dotato, ed è solo per questo che si pone la questione del senso e del valore della vita.

Volendo costruire un'opera di carattere scientifico, insistendo su questa dimensione spirituale dell'essere umano, Frankl ha fondato la sua costruzione sull'analisi fenomenologica, cioè sul modo in cui le cose appaiono alla coscienza. Edmund Husserl, uno dei più grandi filosofi tedeschi, è il fondatore di questa scuola di pensiero, con l'intento di fare della filosofia una disciplina scientifica. La fenomenologia prende il nome dallo studio dei fenomeni, dalla realtà come viene colta, dall'esperienza come viene vissuta, dalla consapevolezza che ne abbiamo. Consacra l'idea che c'è una separazione tra la "cosa in sé" e il fenomeno, tra ciò che è reale così com'è, oggettivo, e ciò che è percepito da essa. Il reale indipendente si manifesta solo attraverso ciò che appare. Per Frankl è illusorio pensare di poter sapere qualcosa sull'uomo che non sia ciò che la nostra coscienza percepisce. Vedremo che la fisica contemporanea tornerà alla fenomenologia.

Alla fine del XIX secolo, la scienza della psiche ha deciso di essere oggettiva, sperimentale, mentre la fenomenologia ha studiato l'aspetto soggettivo delle situazioni, e ha cercato di ridurre le classificazioni eccessive. Per quest'ultimo, l'uomo non può essere ridotto solo a un oggetto di osservazione. E infatti la fenomenologia, per Frankl, è un mezzo per descrivere come l'uomo comprende sé stesso, come interpreta la propria esistenza.

Al di là della fenomenologia, Frankl si ispira a un'importante corrente filosofica, la filosofia dell'esistenza. Socrate, Pascal, Dostoevskij, sono considerati i suoi primi pensatori, ma è il filosofo danese Kierkegaard che ne è riconosciuto il fondatore. Martin Heidegger, in Germania, e Jean-Paul Sartre, in Francia, faranno parte di questa corrente di pensiero, designata d'ora in poi con il nome di esistenzialismo. Questo è concepito come una reazione al nichilismo di Schopenhauer, Nietzsche e Freud.

I punti principali di questa filosofia dell'esistenza che la psicologia umanistica integrerà in seguito sono:

- L'uomo è al centro.
- L'esistenza è sempre un'esistenza individuale, ma l'essere umano è sempre un essere in relazione agli altri e al mondo.
- L'uomo non è determinato; deve prima voler realizzare sé stesso, diventare ciò che è potenzialmente.

Frankl sottolinea che l'esistenza non deve essere confusa con la vita. La vita si trova sotto la dimensione fisica e psichica, mentre l'esistenza risulta dall'espressione e dal dispiegamento della spiritualità, questa terza dimensione specificamente umana. L'uomo, grazie a questa dimensione spirituale o noetica, non è più soggetto ai suoi istinti, ai suoi impulsi, alle sue emozioni, né all'ambiente. Viene rilasciato dall'ambiente. È questa spiritualità che permette l'indeterminazione dell'esistenza.

Pertanto, una persona è esistenziale quando esercita la sua libertà di decidere e agire. Frankl contrappone il libero arbitrio umano, frutto della dimensione spirituale, alla psicoanalisi freudiana e alla psicologia individuale di Adler, le quali affermano che lo psichico ei comportamenti di ogni individuo sono determinati esclusivamente dalla storia delle passate interazioni con l'ambiente.

La responsabilità, che è il corrispettivo della libertà, caratterizza l'individuo che esiste. Ed è lui che decide di cosa o di chi vuole essere responsabile: la società, l'umanità, la coscienza, la divinità... Ma dietro la nozione di responsabilità, la colpa appare molto rapidamente. La colpa esistenziale è il prodotto di potenzialità non realizzate. Non è solo colpa di aver agito, ma anche di non averlo fatto, quando non abbiamo realizzato le nostre possibilità, realizzato il nostro potenziale. E come scopriamo il nostro potenziale? Come facciamo a sapere quando ci troviamo di fronte a decisioni da prendere? Per richiamo di coscienza.

Tuttavia, la consapevolezza della responsabilità è solo il primo passo. Solo la volontà permette l'azione. L'analisi esistenziale è efficace solo perché libera la volontà della persona da tutto ciò che le impedisce di esprimersi. È fruttuoso solo se ti permette di cambiare il tuo futuro e crescere in maturità. Il passato, o più esattamente il ricordo che ne abbiamo, è importante perché influenza la nostra attuale esistenza. Ma è nel presente che si concepisce, si attualizza il futuro. È dunque il presente che costituisce il campo d'azione essenziale.

Esistere è anche cercare ciò che ha senso e scegliere ciò che ha valore. Ciò richiede una buona conoscenza di sé, senza essere l'obiettivo finale. È uno stadio transitorio che dovrebbe portarti oltre te stesso. Questo lavoro su sé stessi è un'autoeducazione, per sapersi controllare e per poter crescere interiormente.

Per Frankl, l'autorealizzazione passa attraverso l'auto-allontanamento, quella capacità di guadagnare altezza rispetto a sé stessi, e attraverso l'auto-trascendenza, quel desiderio di eccellere, reso possibile dalla nostra dimensione spirituale. L'autotrascendenza è il più alto grado di sviluppo di un'esistenza umana. Costituisce il potenziale specificamente umano, la capacità di pensare oltre sé stessi, di agire oltre sé stessi per sé stessi, di esistere per qualcosa o qualcuno diverso da sé stessi. Ci aiuta a non cadere nella trappola del narcisismo. E l'auto-allontanamento è la prima condizione per andare verso questa auto-trascendenza. Permette all'essere umano di non dipendere dalle sue dimensioni fisiche e psicologiche.

Frankl una volta aveva disegnato sé stesso, delle dimensioni di un nano, e in piedi sulle spalle di Freud e Adler, volendo così sottolineare il suo innegabile contributo alle proprie riflessioni. Ma in realtà, ha concepito la sua teoria psicoterapeutica in gran parte come una critica delle sue opere. Al di là delle opposizioni di personalità, un divario fondamentale separa queste correnti, che si sono evolute parallelamente.

Per Freud, la credenza in una trascendenza è all'origine della sofferenza psichica. Per Frankl, al contrario, è la svalutazione della trascendenza, la sua repressione o la soppressione dell'aspirazione spirituale che è all'origine della sofferenza psichica. L'analisi esistenziale ricorda all'uomo che esiste uno spirito là dove Freud afferma che esistono solo pulsioni. La scoperta della libido come fonte di motivazione era notevolmente rilevante, ma il primato e l'esclusività ad essa concessi erano, per Frankl e molti altri, sovradeterminati. È vero che l'uomo ha degli impulsi, ma solo l'animale è interamente costituito dai suoi impulsi.

Altrettanto insoddisfacente è sembrato l'approccio di Adler, in cui l'uomo in ultima analisi cerca soprattutto di superare il proprio sentimento di inferiorità attraverso meccanismi compensatori. Sembrava interpretare troppo male la possibilità di trascendenza che esiste nell'uomo, che gli dà una capacità di libera decisione. L'analisi esistenziale non può che registrarsi in opposizione alle mitologie che negano la dimensione dello spirito.

Frankl non ha negato la scienza e le sue spiegazioni deterministiche. Ma rifiutava il determinismo sistematico che sembrava provenire da un'ideologia scientifica. Uno degli scopi dell'analisi esistenziale è aiutare gli individui a conoscersi e ad affermarsi come persone, rendendoli così consapevoli dei determinismi che possono ostacolare la loro ricerca di senso, e della possibilità di superarli.

C) libero arbitrio materialista e spiritualista

La corrente materialista-deterministica continuerà in teorie come il sociologismo, che spiega l'uomo attraverso i fattori sociali, e il biologismo, che sottolinea il peso determinante dell'ereditarietà nella costituzione degli individui.

La psicologia comportamentale, o comportamentismo, arriverà anche ad affermare che l'"ambiente" condiziona totalmente l'essere umano. Questo comportamentismo voleva fare della psicologia una scienza rigorosa, attaccata a fatti osservabili "oggettivi", e rifiutando ogni riferimento alla coscienza, alle rappresentazioni del soggetto, all'introspezione. Questa psicologia oggettiva cerca di identificare leggi in cui le azioni dipendono solo da fattori fisici o chimici. Per lei la coscienza non è un fattore determinante nel comportamento umano.

Oggi la neurofisiologia spiega la totalità dell'essere umano attraverso il funzionamento del suo sistema nervoso e neuronale. Tutte queste scienze che si sforzano di spiegare l'uomo mediante una o poche cause deterministiche illustrano ciò che Frankl chiamava riduzionismi. Questi, affermando che "l'essere umano non è altro che la somma dei suoi determinismi", negano all'uomo una dimensione spirituale, e la quantità di libertà che questa dimensione gli dà.

Eppure gli psicoanalisti, formatisi nella tradizione freudiana in Europa, e poi emigrati negli Stati Uniti, avevano cominciato a mettere in discussione questa nozione di determinismo integrale. Una serie di rinomati psichiatri europei (Binswanger, Boss, Minkowski, Kuhn, Caruso, ecc.) rifiutarono i concetti meccanicistici della psicoanalisi freudiana e questo modello di comportamento umano, interessandosi più o meno a questi temi di libertà, responsabilità, necessità di senso.

Anche tra gli allievi più brillanti di Freud, come Jung o Rank, sono comparsi oppositori di questa visione della natura umana che se ne sono allontanati, alla ricerca di una specifica dimensione umana che hanno intuito. Otto Rank ha sottolineato, negli anni '30, l'importanza della volontà. Per lui, questa non era una funzione secondaria come la consideravano Freud e Adler, ma giocava un ruolo centrale nello sviluppo del bambino e nella terapia.

Karen Horney ha insistito, negli anni '40, sul ruolo cruciale del futuro nella natura del comportamento. L'individuo è più motivato da intenzioni, ideali e obiettivi che determinato da eventi passati. Anche per lei il compito principale del terapeuta era liberare la volontà.

Nello stesso periodo, sempre negli USA, gli psicologi, il più famoso dei quali fu Abraham Maslow, svilupparono in opposizione alle due scuole dominanti, "comportamentale" e "analitica", un nuovo pensiero, "psicologia. umanista". Non accettavano più il rifiuto di quelle che sembravano loro le caratteristiche principali della persona umana, come i valori, la libera scelta, l'amore, la creatività, l'autocoscienza, il potenziale umano.

Nel 1960 fu creata ad Harvard una scuola di psicologia cognitiva con l'ambizione di dare un posto allo spirito nel campo delle scienze umane. Voleva creare una nuova psicologia che considerasse l'essere umano come produttore, al di là del pensiero logico e astratto, "di sogni, idee, cultura; come un artista che crea, un credente che prega, un bambino che scopre il mondo...".

Infatti, in psicologia, la corrente materialista/determinista si confronta con un pensiero spiritualista, a sua volta diviso sulla costituzione di questa spiritualità. Alcuni suppongono che l'evoluzione del cervello umano abbia prodotto la necessità di concetti come coscienza, libertà, volontà. Questi concetti inducono gli uomini a comportarsi meglio quando credono che la loro vita abbia un senso. Pertanto, è logico, in quanto efficace, aderirvi, senza bisogno di andare oltre. Altri ritengono impossibile trovare un senso alla propria vita se non possono essere collegati a una trascendenza, di cui sarebbe solo una forma di declino. Ne deducono che i concetti in questione, coscienza e mente o spirito in particolare, non sono una produzione del cervello biologico, ma una componente di altra natura. Quale luce gettano le riflessioni degli ultimi progressi scientifici su queste diverse ipotesi?

CAPITOLO II. Il materialismo scientifico è messo in discussione.

Il pensiero scientifico del XVIII e XIX secolo è ben illustrato dal fisico francese Pierre-Simon Laplace che affermava che l'ipotesi di qualsiasi entità soprannaturale era inutile per spiegare l'Universo. Questa posizione avallava la legittimità di una scienza esclusivamente razionalista, distaccata da ogni influenza spirituale. Questo dogma del pensiero scientifico poteva mettere in imbarazzo studi sospettati di essere ispirati dalle loro stesse convinzioni spirituali. Georges Lemaître, eminente astronomo e fisico belga del XX secolo, Fu il primo a postulare la teoria del Big Bang. Questa idea, ormai riconosciuta da tutti, è stata a lungo respinta e derisa perché emanata da uno studioso che era anche prete cattolico e quindi sospettato di alimentare la teoria biblica creazionista. Se uno scienziato veniva accusato di creazionismo, di credere nell'esistenza di una "origine", poteva essere escluso dalla comunità scientifica.

Solo un genio come Einstein poteva, grazie all'unanime riconoscimento della superiorità del suo pensiero scientifico, riferirsi, senza rigetto, ad un intervento divino, dopodiché non poneva alcun dio personale. L'intelligenza che percepiva, nell'organizzazione e nel funzionamento dell'Universo, lo stupì.

Così, Laplace, giustificando l'inesistenza di Dio con la sua inutilità a comprendere il mondo, ed Einstein, giustificando l'esistenza di una presenza superiore con l'incredibile intelligenza del mondo, rappresentavano, in un certo modo, le due correnti che animano, ancora oggi, la comunità scientifica.

Infatti, le grandi scoperte fatte dal Rinascimento agli albori del XX secolo avevano sorprendentemente confermato che ogni realtà era spiegata da qualche altra realtà. Il "surreale" è stato completamente screditato.

Ma, durante il XX secolo, Grandi pensatori, sia filosofi che scienziati, iniziarono a evocare l'esistenza di altre possibili cause, di un altro livello di realtà, di un ignoto che ci sfugge, necessario per spiegare e comprendere il mondo. E gli scienziati che più hanno scosso le certezze materialistiche del corpo scientifico non potevano che appartenere al più emblematico del pensiero scientifico, le scienze della fisica e della matematica.

A) Dell'immensamente grande: Cosmologia.

Ha preso Newton, e la sua teoria della gravitazione universale, per dimostrare che, ovunque nell'Universo, i corpi esercitano forze attrattive l'una sull'altra che dipendono dalle loro masse e dalla loro distanza. E ha fornito l'espressione matematica per spiegarlo. Avvenne per la prima volta la fusione tra la meccanica terrestre, quella del movimento e della caduta libera, che Galileo aveva in gran parte costruito, e la meccanica celeste e la gravitazione. Newton dimostrò così che le leggi della fisica che aveva appena esposto si applicavano sulla Terra così come in Cielo.

Seguirono altre teorie fisiche, inclusa quella dell'elettromagnetismo, in cui il fisico britannico James Clerk Maxwell aveva fuso nel 1865 elettricità, magnetismo e luce. Intorno al 1900, tutte queste leggi scientifiche che oggi vengono raggruppate sotto il nome di fisica classica, spiegavano sempre meglio la natura del mondo e gradualmente rispondevano a tutte le domande. Alcuni scienziati pensavano di essere in grado di spiegare tutta la realtà, ma poi sono sorte alcune domande inquietanti.

Nel 1887, due astronomi americani, Michelson e Morley, misurarono la velocità della luce solare in diverse direzioni. Secondo Galileo e la sua legge di composizione della velocità, avremmo dovuto trovare diverse velocità della luce a seconda delle direzioni di propagazione della sua sorgente, dato il moto della Terra nella sua orbita. Infatti, questa legge dice che la velocità dell'oggetto misurato viene aggiunta o sottratta a quella della sua sorgente. Pertanto, la velocità della luce dovrebbe variare a seconda della direzione in cui viene misurata. Ora gli esperimenti di Michelson e Morley mostrarono che questa velocità era sempre la stessa in tutte le direzioni, indipendentemente dal moto della sorgente.

Se la velocità, che è un rapporto tra una distanza e un tempo, è invariabile al variare della distanza con lo spostamento dello strumento di misura, allora deve variare il riferimento temporale. Mettere in discussione la relatività della velocità della luce mise in discussione la visione dello spazio e del tempo accettata all'epoca.

Einstein aderì alla sua presentazione e sostenne che la velocità della luce non era relativa nello spazio e nel tempo assoluti, ma piuttosto era assoluta, e lo spazio e il tempo erano relativi. Si è sottomesso alla nuova visione della realtà che questa ha generato e ha ricostruito la fisica. Ha così cambiato la nostra rappresentazione dell'Universo stabilendo la teoria della relatività ristretta nel 1905.

Dopo la luce, Einstein si interessò alla gravitazione. La legge di Newton secondo cui tutti i corpi si attraggono gli sembrava misteriosa. Infatti, l'attrazione si esercita tra due corpi senza contatto tra loro o interazione materiale, e istantaneamente. Chi dice istantaneo dice velocità infinita, che gli sembrava inaccettabile. Avanzò l'idea rivoluzionaria che la gravità non fosse una forza reale, ma una manifestazione locale di una curvatura dello spazio-tempo; cioè la conseguenza del fatto che lo spazio non è piatto, ma curvo per le masse e le energie che contiene. Ciò che continuiamo a chiamare forza gravitazionale risulta in realtà dall'azione del campo gravitazionale creato da una massa.

La Terra e gli altri pianeti, quindi, non sono fatti muovere in orbite attorno al Sole a causa di una forza chiamata gravitazione, ma sono guidati lungo un percorso determinato dalla presenza deformante del Sole. In realtà seguono un percorso rettilineo in uno spazio curvo. La massa del sole piega lo spazio in modo tale che sebbene la Terra, ad esempio, segua un percorso rettilineo nello spazio-tempo quadridimensionale, ci sembra che si muova lungo un'orbita nello spazio tridimensionale. Infatti le orbite dei pianeti previste dalla teoria di Einstein sono esattamente le stesse previste dalla teoria della gravitazione di Newton, ad eccezione di Mercurio, il pianeta più vicino al sole. Essendo la sua orbita più conforme alle leggi di Einstein che a quelle di Newton, la teoria di Einstein fu così convalidata e lo spazio divenne deformabile nella nostra mente. Pertanto, la nostra percezione intuitiva della realtà era stata nuovamente sbagliata.

Il sole piega lo spazio e quindi la luce. In effetti, il fatto che lo spazio sia curvo significa che la luce non sembra più viaggiare in linea retta attraverso lo spazio-tempo. Pertanto, la relatività generale prevede che la luce debba essere piegata dai campi gravitazionali. Ciò significa che la luce di una stella lontana che passa vicino al sole viene deviata, facendo apparire la stella nel posto sbagliato a un osservatore sulla Terra. Questa deviazione è stata confermata molte volte.

Inoltre, avendo avallato la sua teoria di una velocità assoluta della luce, Einstein dedusse che nulla può superare questa velocità, che nessuna particella può andare più veloce della luce. Dal momento in cui non possiamo più superare una certa velocità di trasmissione delle informazioni, percepiamo chiaramente che due osservatori posti a distanze diverse da un evento non lo vedranno contemporaneamente. La nozione di presente non è più rilevante. Un osservatore può vedere nel presente ciò che sarà futuro per un altro, e potremmo vedere come passato ciò che corrisponderà al presente per l'altro osservatore. Diventa impossibile concordare sul concetto di presente.

D'ora in poi non potremo più considerare il tempo come un grande orologio cosmico che scandisce la vita dell'Universo. Per un secolo abbiamo dovuto concepire il tempo come un evento locale: ogni oggetto dell'Universo ha il suo scorrere del tempo. La relatività è contraria alla nostra intuizione, che è forgiata dall'abitudine e dalla nostra incapacità di percepire la realtà.

Allo stesso tempo, l'Universo si è rivelato straordinariamente più grande di quanto si pensasse in precedenza. Negli anni '20, dati i limiti dei dispositivi di osservazione, si stimava che l'Universo fosse ridotto alla Via Lattea, la nostra galassia. Ma nel 1924, Edwin Hubble, l'astronomo americano, scoprì, grazie a un nuovo telescopio, che la grande nebulosa di Andromeda, presumibilmente composta da polvere o gas, risulta essere composta da stelle e costituire un'altra galassia. A poco a poco, l'Universo si rivela immensamente più grande di quanto pensassimo. E solo una frazione di questo è osservabile, data la velocità finita della luce. Ma questa parte, chiamata orizzonte cosmologico, contiene circa 2.000 trilioni di galassie, in un raggio di poche decine di miliardi di anni luce.

Questa osservazione ha generato inizialmente la sensazione che la vita, e quindi gli esseri umani, occupino solo un posto infinitamente trascurabile in questo insieme. Per Jacques Monod, premio Nobel francese per la fisiologia, "l'uomo si perde nell'indifferente immensità dell'Universo".

Tuttavia, gli astronomi scoprono che le condizioni necessarie per la vita esistono in più luoghi dell'Universo. I pianeti abitabili, dove può esistere acqua liquida, non sono l'eccezione nel cosmo, come si pensava originariamente, ma piuttosto la regola. È probabile che quasi la metà delle stelle ospiti un pianeta abitabile. In un raggio di 15 anni luce intorno a noi, o alla periferia del sole, più di 400 stelle possono ospitare circa 150 pianeti abitabili. Estrapolato al livello della nostra galassia, questo numero diventa 200 miliardi di stelle e 80 miliardi di pianeti. L'Universo, composto da miliardi di galassie, ospita miliardi e miliardi di pianeti che probabilmente saranno dotati di acqua liquida e vedranno quindi emergere la vita. **Queste stime mostrano non solo che le condizioni per l'emergenza della vita non sono uniche e improbabili, ma piuttosto che sono diffuse.**

Già nel 1922 erano state studiate le grandi costanti matematiche dell'Universo, questi numeri sono il fondamento della realtà fisica, indipendenti da qualsiasi unità di misura. Si è notato che la costante che regola l'andamento della forza elettromagnetica è strettamente correlata alla velocità della luce, e alla carica dell'elettrone, oltre che alla costante di Planck, e persino al numero Pi. Per molti fisici il valore di questa costante non può essere dovuto al caso; deriva da una legge di natura che partecipa all'organizzazione dell'Universo.

E infatti l'Universo, la sua costituzione, la sua evoluzione e il suo funzionamento, si basano su decine di numeri fissati fin dal primo momento della sua apparizione, invariabili nel tempo e nello spazio: la velocità della luce, la carica del protone e dell'elettrone, la massa del protone, del neutrone, dell'elettrone, la densità di massa-energia dell'Universo all'origine, la velocità di espansione dell'Universo all'origine, ecc.

Ora, conoscendo queste leggi e queste costanti, gli astrofisici hanno simulato al computer la storia del cosmo e le fasi dell'evoluzione dell'Universo. I risultati di queste simulazioni numeriche ricostruiscono molto correttamente ciò che sappiamo del passato e del presente. L'Universo si sta raffreddando ed espandendo; le galassie e le stelle si formano come hanno descritto le osservazioni.

Poi, come esercizio, hanno modificato arbitrariamente i numeri che caratterizzavano queste leggi e le costanti per vederne l'effetto sulla simulazione. Sorprendentemente, il minimo cambiamento anche solo di uno di questi numeri rende l'Universo sterile, incapace di accogliere la complessità e la vita. Se il tasso di espansione dell'Universo primordiale fosse stato dello 0,1% più veloce, l'attuale espansione dell'Universo sarebbe stata 3000 volte maggiore, impedendo la formazione di galassie. Se questa velocità iniziale fosse stata inferiore allo 0,1%, l'Universo sarebbe collassato senza la creazione di stelle.

Se solo uno di questi numeri fosse stato leggermente diverso, allora l'Universo non sarebbe stato costituito; sarebbe un caos primitivo, senza stelle, pianeti, materia, spazio-tempo, né ovviamente vita.

Inoltre, quando l'Universo ha raggiunto il 75% della sua dimensione attuale, c'è stata un'accelerazione della sua espansione. Se questa accelerazione fosse avvenuta una frazione di secondo prima, non ci sarebbero né pianeti né stelle. Così possiamo enumerare un gran numero di coincidenze straordinarie, e quando vediamo questi favolosi scenari dell'Universo che hanno reso possibile la sua evoluzione con, alla fine, l'apparizione della vita, non possiamo più credere che sia il risultato del caso. **Esistiamo oggi grazie alle forze elementali e alle condizioni iniziali, risalenti a 13,8 miliardi di anni fa e messe a punto con straordinaria precisione.**

Il famoso fisico inglese Stephen Hawking, risolutamente materialista, ha sottolineato che: "le leggi della fisica contengono molti numeri fondamentali, e il fatto notevole è che il valore di questi numeri sembra essere stato finemente regolato per rendere possibile lo sviluppo della vita".

Le teorie di Einstein, la rivelazione dell'immensità e della complessità dell'Universo e la stupefacente precisione delle leggi della fisica, che rendono inevitabile l'apparizione della vita, non consentono necessariamente di mettere in discussione categoricamente il materialismo. Ma tuttavia hanno portato alcuni scienziati a proporre l'ipotesi che il mondo possa nascere da un progetto, da un'intelligenza che ci sfugge. E inevitabilmente, quando ipotizziamo un progetto, ci poniamo la questione di una volontà creatrice, non necessariamente in termini di Divinità come l'uomo ha assunto per millenni, ma come qualcosa di superiore all'origine delle leggi della natura, alle sue costanti, alla sua destinazione. Queste scoperte hanno portato anche alla convinzione che siamo molto lontani dalla conoscenza completa e ultima dell'Universo, lontani da ciò che pensava la scienza alla fine del XIX secolo.

B) All'infinitamente piccolo: la fisica quantistica.

Nello stesso momento in cui si rinnovava la visione del cosmo, le scoperte nella fisica delle particelle stavano sconvolgendo le nostre conoscenze. Nel 1909 il neozelandese Ernest Rutherford scoprì che al centro dell'atomo c'era un nucleo che costituiva quasi tutta la sua massa. Il volume di questo nucleo è estremamente piccolo rispetto alle dimensioni delle orbite degli elettroni, che sono circa centomila volte più grandi. Se il nucleo avesse avuto un diametro di un centimetro, gli elettroni sarebbero stati a un chilometro di distanza.

Questo modello, ispirato al movimento dei pianeti attorno al sole, è in realtà incoerente con le leggi classiche dell'elettromagnetismo. Ciò implica che gli elettroni caricati negativamente che circondano un nucleo caricato positivamente dovrebbero essere collassati su di esso molto rapidamente, emettendo luce e perdendo energia. Pertanto, la fisica di quel tempo ha fatto false previsioni su ciò che costituiva il cuore stesso del suo argomento, la struttura interna della materia. Dalle sue domande sorse una nuova fisica, la fisica quantistica.

I principi quantistici sono oggi i più fondamentali che conosciamo: governano non solo la fisica degli atomi, ma tutta la chimica, buona parte della biologia, la fisica dei solidi, l'ottica, insomma l'essenziale delle scienze empiriche esatte. Questa nuova fisica chiama in causa due grandi concetti scientifici, l'obiettività forte che dice che le leggi sono indipendenti da noi, e il riduzionismo, che afferma che per capire il tutto bisogna capire le componenti. Vale a dire che quando abbiamo capito cosa sono le particelle, capiamo cosa sono gli atomi, poi le molecole, poi tutti gli oggetti.

Questa fisica quantistica nasce nel 1900, quando il fisico tedesco Max Planck scoprì che l'energia viene emessa o assorbita dalla materia, non in modo continuo e progressivo, ma in piccole quantità diverse chiamate "quanta" (o pacchetti), dando così il nome a questa nuova teoria.

L'effetto fotoelettrico studiato da Einstein qualche anno dopo, mostra che su certi metalli la luce produce una piccola corrente elettrica. È interessante notare che questo non accade con la luce a bassa frequenza, indipendentemente dall'intensità della sorgente luminosa, come accadrebbe se la luce fosse solo un'onda. Einstein si rese conto che i fotoni a bassa frequenza, indipendentemente dal loro numero, hanno un'energia inferiore, insufficiente per rimuovere gli elettroni dagli atomi. Il loro lavoro ha confermato la scoperta dei quanti di Planck.

Questa quantizzazione rivelata dalla fisica quantistica si applica anche al tempo e allo spazio che sono granulari come la luce. **L'Universo, che doveva essere continuo, è quindi discontinuo. E questa discontinuità genera strani fenomeni.**

Mentre gli atomi erano concepiti come mini sistemi solari, il fisico danese Bohr dimostrò, dalle osservazioni, che era piuttosto necessario immaginare che gli elettroni saltellassero da un'orbita all'altra senza passare per un punto intermedio. Era come se un pianeta potesse prendere solo l'orbita della Terra o di Marte, ma nessuna orbita intermedia.

A quel punto venne messa in discussione la distinzione fino ad allora stabilita tra onde, movimento che si propaga, e particelle, oggetto fisico che occupa un punto preciso. All'inizio del XIX secolo, il fisico inglese Thomas Young aveva ideato un esperimento che dimostrava che l'incontro di due fasci di luce poteva produrre oscurità. Se un raggio di luce passa attraverso due strette fenditure e colpisce uno schermo, ci si potrebbe aspettare di vedere solo due linee luminose davanti alle fenditure. Tuttavia, ha osservato diverse linee ravvicinate, bande di luce e bande di oscurità. Solo la teoria fisica delle onde, nota come teoria ondulatoria, spiega questo fenomeno di interferenze ondose sovrapposte, come le increspature sulla superficie di uno stagno, che possono combinarsi o annullarsi a vicenda. Queste linee, chiamate frange di interferenza, sono caratteristiche delle onde e non delle particelle. Pertanto, fin dal XIX secolo sapevamo che la luce era un'onda.

Ma se l'energia viene emessa dai grani, come ha mostrato Planck, essendo la luce energia, normalmente dovrebbero esserci anche granelli di luce. Einstein spiegò efficacemente che l'effetto fotoelettrico esiste perché l'elettrone è messo in moto dall'arrivo di una particella di luce e non da un'onda. Pertanto, la luce sembra consistere di particelle, chiamate fotoni, quando viene misurata la sua energia, ma è un'onda negli esperimenti di fenditura che generano diffrazione in cui misuriamo la sua natura ondulatoria.

Il fisico francese Louis de Broglie supponeva, nel 1924, che ciò che era vero per la luce potesse essere vero per la materia. La verifica di questa audace ipotesi ha portato a quello che molti considerano il miglior esperimento di fisica del XX secolo, chiamato anche il mistero della misurazione nella fisica quantistica. Consiglio al lettore di andare su YouTube e cercare un discorso su "l'esperimento più bello della fisica" (nel 2002, lettori di fisica Il mondo ha votato **l'esperimento della doppia fenditura di Young con singoli elettroni** "l'esperimento di fisica più bello" di tutti i tempi). Questo è un buon approccio a questo argomento, rendendo possibile un migliore comprendere i seguenti pensieri.

Il mistero della misurazione nella fisica quantistica

L'esperimento di Young è stato ripetuto, proiettando la luce su uno schermo attraverso due fenditure orizzontali. In questo esperimento, se la fenditura superiore è l'unica aperta, il fotone può raggiungere molti punti dello schermo. Se chiudiamo questa fenditura e apriamo l'altra, anche il fotone può accedere a vari luoghi, compresi i punti che ha raggiunto attraversando l'altra fenditura. Ma se apriamo entrambe le fenditure, possiamo vedere che il fotone non può più raggiungere certi punti anche se poteva, quando era aperta solo una fenditura. In un certo senso, le due possibilità che il fotone potrebbe raggiungere si annullano a vicenda.

La cosa ancora più sorprendente è che otteniamo esattamente lo stesso tipo di frange se sostituiamo la sorgente di luce con una sorgente di particelle come gli elettroni. Proprio come con la luce, quando abbiamo una singola fenditura, non otteniamo frange, solo una distribuzione uniforme di elettroni sullo schermo. Pertanto, si potrebbe pensare che l'apertura dell'altra fenditura non farà che aumentare il numero di elettroni che colpiscono ogni punto dello schermo, ma in realtà, a causa di queste interferenze, questo numero diminuirà in certi punti. Gli elettroni, come la luce, che è sia un'onda che una particella, possono essere diffratti.

Quando si effettua l'esperimento della fenditura di Young utilizzando non più un flusso alimentato da elettroni, ma un debole fascio di singoli elettroni inviati uno ad uno, si ritrova la figura di interferenza. È ancora più difficile da capire. Se gli elettroni vengono inviati attraverso le fenditure uno alla volta, ognuno dovrebbe passare attraverso l'una o l'altra fenditura e quindi comportarsi esattamente come se la fenditura attraverso cui passa fosse unica, dando una distribuzione uniforme sullo schermo. In effetti, vediamo prima i colpi successivi che sono sparsi in modo casuale sullo schermo finale, il che sembra normale. Ma quando accumuliamo i risultati, troviamo un'estensione con aree di impatti densi e altre senza alcun impatto, un'immagine di frange di interferenza. In realtà, anche in questo caso dove gli elettroni vengono inviati uno per uno, compaiono delle frange.

Per i fisici, questa è stata una rivelazione straordinaria. Se le singole particelle interferiscono con sé stesse, significa che la natura dell'onda non è solo una proprietà di un fascio di particelle di gran numero, ma una proprietà delle particelle stesse. **Ogni particella sembra essere una particella e un'onda allo stesso tempo.**

Ora, cosa ancora più sorprendente, quando installiamo un dispositivo di osservazione per scoprire attraverso quale fenditura passa ogni elettrone, osserviamo che passano casualmente, attraverso l'una o l'altra fenditura, e di conseguenza non ci sono più frange di interferenza! Cioè, quando vogliamo osservare il passaggio della particella, ci riusciamo, ma sopprimendo la proprietà di generare interferenza, sopprimiamo la natura ondulatoria delle particelle. C'è quella che i fisici chiamano "riduzione del pacchetto d'onda". Questa riduzione consiste nella trasformazione di un'onda, estesa su un ampio spazio, allo stato di particella localizzata.

Mentre nella fisica classica, la misurazione di un sistema mostra lo stato del sistema così com'è, nella fisica quantistica, la misurazione cambia lo stato del sistema. Il risultato che osserviamo dipende dalla misurazione che facciamo. Un fotone apparirà come un'onda, se decidiamo di effettuare un esperimento che evidenzi un comportamento ondulatorio, e come una particella se scegliamo di osservare un comportamento corpuscolare.

Ma quando viene "presa" la decisione di essere un'onda o una particella? Il fisico americano John Wheeler ha proposto di ritardare il più possibile questo momento, aspettando che il fotone sia già all'interno del dispositivo di misurazione per decidere cosa fare alla fine, cioè la misurazione che finalmente faremo. Invece di determinare il percorso del fotone mentre attraversa le fenditure, aspettiamo che l'onda luminosa del fotone le attraversi. L'osservatore sceglie all'ultimo momento, o uscire dallo schermo per ottenere frange di interferenza, quindi la manifestazione di un'onda, oppure utilizzare due microscopi osservando ognuna delle fenditure, e dove si osserva una posizione per il fotone, che in questo caso mostrerà sua natura corpuscolare.

E vediamo che anche se aspettiamo il più a lungo possibile, il fotone si manifesta come onda se lo misuriamo come "essere un'onda" e come particella se lo misuriamo come "essere una particella". È quindi la scelta dell'osservatore, fatta dopo il passaggio delle fenditure, che determinerà in passato, attraverso quale fenditura è passato il fotone, attraverso una o due fenditure contemporaneamente. La decisione di comportarsi come una particella o come un'onda viene presa quando il viaggio è quasi finito. Questo non può essere spiegato dalla fisica classica. Con questa esperienza, le nozioni di tempo e spazio svaniscono. Il passato ora dipende dal futuro.

Un tempo il fotone era considerato un'onda quando non era osservato e una particella quando era osservato. In realtà, questa è una semplificazione. Il fotone occupa tutti gli stati possibili, onda e particella, quando non viene osservato. Tutte le potenzialità saranno attualizzate e incarnate in una sola di esse, al momento dell'osservazione.

È il dispositivo di misurazione che crea il valore osservato? Per illustrare la questione in altro modo, possiamo fare un esempio, più alla nostra portata.

Se non ci fosse nessuno da guardare e nessun dispositivo da registrare, ci sarebbe un arcobaleno?

Sembra logico pensarlo, perché la riflessione-rifrazione della luce nelle gocce di pioggia non dipende dalla nostra presenza.

Ma i fisici sottolineano che se due persone non si trovano esattamente nello stesso posto, non vedono esattamente lo stesso arcobaleno nello stesso posto, quindi le due persone vedono due arcobaleni diversi. Quindi logicamente, se non c'è nessuno, non ci sarebbe l'arcobaleno. Questa conclusione può essere applicata all'osservazione automatica. Se non esiste una fotocamera per scattare una foto automatica, non ci sarebbe nemmeno l'arcobaleno. Per lo meno, siamo costretti ad ammettere che non possiamo dire che c'è un arcobaleno se non c'è osservazione.

Questo esempio è molto vicino a ciò che la teoria quantistica descrive nelle misurazioni degli oggetti. In entrambi i casi, non si può dire che l'entità osservata esistesse prima dell'osservazione. Eppure troviamo difficile accettare che sia stato il dispositivo di misurazione a creare l'arcobaleno. La meccanica quantistica non ci dice che è l'osservatore, o il dispositivo di registrazione, a creare l'oggetto osservato. **Per oggetti quantistici come gli arcobaleni, non si può dire che l'entità osservata esistesse in sé, prima dell'osservazione, né che sia stata creata da questa osservazione.**

I più grandi misteri della meccanica quantistica sorgono con la misurazione. Dobbiamo smetterla di pensare che il mondo sia come lo percepiamo intorno a noi. Il fenomeno dell'interferenza interparticellare ha disturbato la nostra comprensione della struttura degli atomi. Queste sono le unità di base della chimica e della biologia, e quindi i mattoni di noi stessi e di tutto ciò che ci circonda. Nel 2004 è stato effettuato l'esperimento della fenditura di Young con una molecola di 256 atomi, dimostrando così che questo fenomeno quantistico si riferisce a oggetti di grandi dimensioni che non avremmo mai immaginato potessero comportarsi come un'onda.

Nell'esperienza della misurazione c'è una rimaterializzazione che trasforma qualcosa come un'onda che permea tutto lo spazio, in un unico punto materiale, localizzabile nel tempo e nello spazio. Ma non sappiamo in quale punto particolare un elettrone/onda si rimaterializzerà quando osservato o quando colpisce lo schermo; questa rimaterializzazione è casuale. Per andare da un punto all'altro, una particella percorre tutti i percorsi possibili, essendo presente ovunque, ma con una minore probabilità, una densità di presenza, su determinati percorsi. Ciò significa che gli elettroni in un atomo o molecola sono potenzialmente ovunque nel volume totale di quell'atomo o molecola.

Questo fenomeno costituisce il mistero fondamentale della fisica quantistica. Non ha spiegazioni; descrive semplicemente la natura delle cose. Il famoso fisico americano Richard Feynman ha scritto che la teoria quantistica mostra che la natura è assurda, dal punto di vista del buon senso; eppure le osservazioni sperimentali confermano pienamente le previsioni della teoria quantistica.

Il fisico austriaco Erwin Schrödinger ha proposto un'equazione matematica per descrivere la funzione d'onda associata allo stato di una particella. Questa funzione d'onda dà la probabilità di trovare la particella nello spazio e nel tempo.

Per illustrare il principio di dualità si può usare una nota metafora, un'illusione ottica costituita dalla sovrapposizione di immagini di due volti, uno di una giovane donna, l'altro di una vecchia. Si percepisce una delle due immagini, ma mai entrambe contemporaneamente. La nostra coscienza può percepire solo uno dei due stati, sia dell'immagine sovrapposta che della dualità onda-particella.

Dopo lo sconvolgimento della nostra visione del mondo generato da questa misteriosa misura, sono stati rivelati altri strani aspetti del mondo quantistico come la decoerenza, l'inseparabilità, l'entanglement, l'indeterminatezza e una nuova concezione del tempo.

Decoerenza quantistica.

Mentre l'universo microscopico è governato da regole quantistiche, perché la fisica classica si applica così bene alla nostra vita quotidiana? Infatti, gli effetti quantistici, come il comportamento casuale delle particelle, scompaiono quando ci sono interazioni tra le particelle quantistiche e l'ambiente circostante. I fisici chiamano questo fenomeno: decoerenza.

Supponiamo che un elettrone sia racchiuso in una scatola. La sua natura quantistica fa sì che non sia presente in un luogo preciso, ma sia distribuito in tutta la scatola, sotto forma di probabilità di presenza. Per individuarlo, devi aprire la scatola e misurare la sua posizione. Come una nebbia che si condensa su una goccia d'acqua, l'elettrone appare allora in un luogo specifico. Questa misura ha creato un'interazione con l'ambiente che ha prodotto decoerenza, con conseguente probabilità che la presenza diffusa diventi condensa in un luogo specifico. La decoerenza è questo collasso della funzione d'onda dovuto all'interferenza dell'ambiente nel sistema quantistico.

Per osservare il comportamento quantistico di un sistema, la decoerenza deve essere evitata isolando il sistema il più possibile dall'ambiente circostante. Allora possiamo produrre interferenza, manifestazione dell'onda quantica. Questo è il motivo per cui gli effetti quantistici si osservano praticamente solo in laboratorio: sono fragili e facilmente distrutti dalla decoerenza.

Tuttavia, anche certe grandi molecole, contenenti diverse centinaia di atomi, possono manifestare effetti di interferenza, quindi di tipo ondulatorio, in un ambiente accuratamente purificato. Pertanto, possiamo isolare un sistema quantistico in una certa misura. Ma non appena rimane qualcosa, gas, radiazioni residue, allora c'è interazione con l'ambiente. Pertanto, l'atomo perderà la sua coerenza quantistica non appena interagirà con un ambiente fotonico, quindi, non appena verrà osservato.

Ma poiché gli oggetti macroscopici non sono mai completamente isolati dall'ambiente circostante, non hanno un aspetto quantistico per noi. Questo meccanismo di decoerenza spiega l'aspetto classico del mondo a un osservatore umano.

In realtà il sistema rimane in uno stato sovrapposto e solo la nostra percezione lo fa apparire ridotto. **Gli oggetti del nostro mondo quotidiano ci appaiono come entità classiche solo perché le nostre facoltà mentali e tecniche sono troppo limitate per percepirne la piena realtà.** Altrimenti il mondo non avrebbe l'aspetto del mondo classico, perché in realtà la sua essenza profonda è lo stato quantico.

Inseparabilità: entanglement

Quando due sistemi quantistici, ciascuno rappresentato da una funzione d'onda, entrano in collisione e poi si separano, vediamo che hanno perso questa proprietà che ciascuno ha la propria funzione d'onda. Per rappresentarli esiste una sola funzione d'onda comune a entrambi i sistemi. Essendo la funzione d'onda la rappresentazione matematica delle proprietà di un dato sistema quantistico, quando c'è una collisione tra due sistemi, dopo la separazione, si trova che nessuno dei due ha i valori ben definiti che aveva inizialmente. Questa è l'essenza della non separabilità dei sistemi.

L'esperimento condotto dal fisico francese Alain Aspect, nel 1981, dimostrò questa non separabilità quantistica. Osserviamo due elettroni che hanno già interagito. Si dice che siano impigliati. Poi li separiamo. Quando ne osserviamo uno, creiamo una riduzione dell'onda in una particella. Questo provoca l'altro, istantaneamente, ovunque si trovi, la propria riduzione d'onda in particella, anche se ci assicuriamo che non ci sia segnale possibile tra le 2 particelle. Esiste quindi una correlazione totale tra queste particelle, il che implica che quando effettuiamo una misurazione su una delle 2 particelle, operiamo, di fatto, una misurazione istantanea sull'intero sistema, che è le 2 particelle intrecciate, come una sola. entità.

Questa influenza non può essere trasmessa dalla materia o dall'energia, o non potrebbe andare più veloce della luce e quindi non sarebbe istantanea. La maggior parte dei fisici crede che le 2 particelle formino un unico oggetto, anche se separate da migliaia di chilometri. Questa azione, che non diminuisce con la distanza, a differenza di tutte le forze conosciute in fisica, e che si propaga più velocemente della luce, è misteriosa. Aspect ha verificato sperimentalmente che l'Universo è intessuto di legami invisibili, che le cose sono interconnesse, che la materia ha un'organizzazione intrinseca che nessuno sospettava.

Dopo l'interazione, le particelle costituiscono una singola entità. La loro separazione nello spazio è un'illusione. Questa inseparabilità ci porta a dover modificare alcune delle nostre rappresentazioni intuitive dell'Universo, relative alla causalità o alla località, e persino alla realtà dello spazio-tempo fisico. Aspect ha condiviso il Premio Nobel per la Fisica 2022 per il suo lavoro.

Il principio di indeterminazione

In conseguenza della riduzione di onde operata dall'osservazione, Heisenberg definì un principio di indeterminazione secondo il quale la posizione e la velocità di una particella quantistica non possono essere conosciute con precisione e nello stesso tempo. Heisenberg dimostrò che il grado di incertezza della posizione moltiplicato per il grado di incertezza della velocità della particella non può mai essere inferiore a una certa quantità, chiamata costante di Planck. Questo limite non dipende dal sistema di misura o dalla particella. Il principio di indeterminazione di Heisenberg è una proprietà fondamentale ineludibile del mondo. Questo principio elimina la possibilità di prevedere con precisione il futuro del mondo, poiché di fatto il suo stato attuale non può essere misurato con sufficiente precisione.

Tempo quantico e tempo classico

Nella fisica classica, il passato esisteva come una ben definita sequenza di eventi. Se conosciamo con precisione i dati del presente, le leggi classiche ci hanno permesso di ricostruire completamente il passato. Ciò è coerente con la nostra percezione intuitiva del mondo, con il suo passato ben definito. D'altra parte, non si può dire che una particella quantistica abbia seguito una traiettoria ben definita per arrivare dalla sorgente allo schermo. Possiamo specificare la sua posizione osservandola, ma tra ciascuna di queste osservazioni, la particella può seguire tutti i percorsi. Pertanto, la fisica quantistica ci dice che anche se osserviamo accuratamente il presente, il passato che non abbiamo osservato è come il futuro, indefinito ed esiste solo come un insieme di possibilità.

Nell'esperimento di scelta ritardata si ha una ripercussione della riduzione della funzione d'onda causata dall'osservazione, sul passato del fotone. Questo esperimento ha la conseguenza di mettere in discussione la nostra concezione del passato, poiché le osservazioni fatte su un sistema nel presente ne influenzano il passato. John Wheeler insiste sul fatto che il passato esiste solo una volta che è stato registrato nel presente.

Lo stesso fenomeno si applica a qualsiasi sistema quantistico. Finché non è stata effettuata alcuna misurazione, la sovrapposizione onda-particella continua ad esistere come l'indeterminatezza classica del passato. Nell'esperimento di scelta ritardata, il passato del fotone come sistema quantistico è completamente determinato. In ogni caso, il fotone segue entrambi i percorsi. D'altra parte, come sistema classico, e in particolare nel suo aspetto particellare, lo stato del fotone non è determinato. Il fatto di osservare o meno non cambia l'aspetto quantistico del fotone, ma cambia la visione _classica_ che abbiamo di questo fotone. Quando osserviamo, abbiamo la classica illusione che il fotone abbia seguito solo uno dei due percorsi. Con la scelta che facciamo di osservare o meno, influenziamo il passato del fotone considerato come un sistema classico. Wheeler chiama questa "partecipazione dell'osservatore". Possiamo prendere decisioni sulla ricostruzione classica del passato del fotone, ma non sul passato quantico del fotone. Quindi la nostra interpretazione di eventi che sembrano essere puramente classici può essere illusoria.

Pertanto, possiamo distinguere due tipi di tempo: il tempo quantico, che viene utilizzato per valutare l'evoluzione di qualsiasi stato quantico, e il tempo classico, il flusso temporale della nostra coscienza. Nel tempo quantistico, qualsiasi stato quantistico evolve in modo deterministico, non c'è indeterminatezza. Nel tempo classico, la ricostruzione del passato classico del sistema quantistico è indeterminata.

C) Determinismo e indeterminabilità

Tutte le grandi scoperte scientifiche fatte dal Rinascimento all'inizio del XX secolo avevano confermato l'intuizione dei primi filosofi greci: tutti gli eventi sono il prodotto di eventi precedenti.

La fisica classica, che usiamo ancora frequentemente, è deterministica ed estremamente precisa, su larga scala. Le leggi che vi intervengono sono quelle di Newton per il movimento, quelle di Maxwell per il campo elettromagnetico, anche su elettricità, magnetismo e luce, e quelle della relatività di Einstein.

Questo determinismo descrive un sistema fisico il cui stato futuro può essere calcolato da uno stato iniziale. Basta conoscere lo stato di tutti i corpi dell'Universo in un dato momento, le loro posizioni e le loro velocità, per poter descrivere teoricamente lo stato dell'Universo in ogni momento futuro. L'Universo è quindi un vasto meccanismo determinato dal suo passato. Pertanto, un sistema deterministico è un sistema completamente predittivo. La scienza attuale ci dice che questa visione del mondo, la nostra visione del mondo è sbagliata.

Nella fisica classica un sistema si trova sempre in uno stato ben definito e, quindi, le grandezze fisiche ad esso associate hanno valori determinati con precisione. Se sappiamo che all'istante 0 una particella si trova nella posizione iniziale A e che all'istante t sarà nel punto finale B, allora la sua traiettoria è definita da un principio di "minima azione", o "risparmio energetico", che permette di determinare la traiettoria classica che va dal punto iniziale al punto finale, quindi è possibile associare una traiettoria ad un sistema, che è l'insieme delle sue successive posizioni nel tempo.

Ma per descrivere ciò che accade in fisica, su scala molto piccola, usiamo la meccanica quantistica. Si basa sulla cosiddetta equazione di Schrödinger, che descrive l'evoluzione di un sistema quantistico. La sua formulazione matematica ci dice che è deterministico. Finché rimaniamo al loro livello, la teoria quantistica è accurata e deterministica.

L'indeterminatezza appare nella meccanica quantistica solo quando viene operata quella che viene chiamata misurazione. Il valore di una quantità misurata viene quindi determinato probabilisticamente. Un elettrone, un fotone, una particella, non segue una traiettoria nello spazio, ma appare, qua o là, in un dato momento, quando si scontra con qualcos'altro. Dove e quando appariranno? Non possiamo saperlo con certezza. Tutte le variabili fluttuano costantemente, come se, su piccola scala, tutto fosse sempre in vibrazione. Non vediamo queste fluttuazioni perché sono troppo piccole e invisibili quando le osserviamo sulla scala dei corpi macroscopici che ci circondano. Questo indeterminismo quantistico scompare a livello macroscopico perché le probabilità date dalla legge dei grandi numeri, applicata a miriadi di particelle, consentono previsioni precise.

Ma se entrambe le fisiche, classica e quantistica, ci dicono che tutto è determinato, il futuro rimane, tuttavia, indeterminabile. È così a livello atomico a causa del principio di indeterminazione di Heisenberg. È anche nel mondo macroscopico che la teoria del caos ha messo in discussione la capacità di prevedere con precisione il futuro. Questa teoria formula che piccole imprecisioni nella descrizione delle condizioni iniziali di un sistema in evoluzione causano profondi cambiamenti nel risultato finale.

Il famoso effetto farfalla descrive come il battito delle ali di una farfalla modifica la pressione dell'aria nel suo ambiente circostante in modo minuscolo ma reale, il che causerà un effetto domino nelle molecole d'aria vicine, che può essere amplificato e causare una tempesta nell'aria dall'altra parte della Terra. Ciò rende le previsioni meteorologiche in qualche modo imprevedibili, ma l'imprevedibilità non porta all'indeterminismo, ma solo all'indeterminabile. Il fatto che sia richiesta una precisione infinita, e quindi irraggiungibile, nella descrizione dello stato iniziale dei sistemi, ci condanna inevitabilmente all'impossibilità di prevedere con precisione il loro stato finale. Il caos è prevedibile per un momento, secondo leggi deterministiche, e imprevedibile a lungo andare.

Il nostro Universo è deterministico ma il suo futuro è indeterminabile, perché ci è impossibile misurare perfettamente il presente in tutte le sue componenti, per cogliere appieno la complessità della realtà.

D) materia e realtà

Molto presto, filosofi come Platone pensavano che probabilmente esistesse un mondo indipendente da noi, ma che le nostre capacità di percezione non ci permettessero di conoscerlo con certezza. Ci sembra però che i nostri sensi catturino informazioni che ci permettono, grazie al nostro modo di pensare educato dalla scienza, di definire un insieme stabile e coerente. Questo insieme, che chiamiamo fisica, descrive un mondo in espansione, con una dimensione di diverse decine di miliardi di anni luce. Questo spazio è un oggetto reale che si piega sotto il peso della materia. Questa materia è distribuita in miliardi di trilioni di galassie, ognuna delle quali comprende cento trilioni di stelle.

Eppure, l'esperienza quantistica ci mostra che le basi della materia non sono oggetti materiali. La materia non esiste nel senso che non c'è granello di materia. Se potessimo osservare gli atomi di un oggetto, li vedremmo a volte qui, altre volte là, in perenne agitazione. Più ci avviciniamo all'infinitamente piccolo nel tentativo di sezionare la materia, più ci rendiamo conto che gli atomi non sono oggetti materiali ma qualcosa di completamente diverso, che la materia è in definitiva una sorta di illusione, che è composta da vuoto e vibrazioni molto piccole di quantità di energia che ne mantengono la struttura. La conseguenza è che la descrizione della realtà mediante concetti familiari come un grano o una forza non è più appropriata.

Si arriva così a una visione del mondo dove la materialità delle cose sembra dissolversi in equazioni. Le uniche entità sufficientemente stabili che la fisica può considerare fondamentali sono i numeri, le funzioni o altre entità matematiche che appaiono ancora più astratte. Una funzione d'onda o un campo quantistico non ha esistenza materiale. Sono "vuoti di materia". Esistono solo come potenzialità che permettono l'apparizione nella realtà di una forma materiale, la particella.

Gli oggetti che conosciamo, compresi gli esseri viventi, inclusi noi stessi, non sono assemblaggi di oggetti microscopici, ma combinazioni di entità elementari che non sono oggetti.

Inoltre, per molto tempo abbiamo concepito la realtà come divisa in sottoparti indipendenti. Il che si rivela sbagliato. La non separabilità ci dice che gli oggetti intorno a noi non esistono come esseri separati, ma piuttosto il loro stato quantico è intrecciato con quello di ogni altra cosa nell'Universo.

Ora il mondo fisico è separato in due mondi con leggi diverse, il mondo quantistico e il mondo macroscopico. Tuttavia, sappiamo che il confine tra i due non esiste e che non esiste una transizione netta tra il quantistico e il macroscopico.

E) Realtà indipendente e realtà empirica

L'Universo era originariamente costituito da un magma di qualcosa chiamato particelle a temperature molto elevate. Come ha fatto a strutturarsi gradualmente durante il raffreddamento causato dall'espansione del cosmo? Da dove vengono queste leggi e informazioni che hanno prodotto:
- Nei primi millisecondi, la fusione di queste particelle per formare protoni e neutroni;
- Nel primo minuto, l'associazione di neutroni e protoni per formare nuclei di elio;
- Dopo alcune centinaia di migliaia di anni, la formazione di atomi di idrogeno;
- Dopo poche centinaia di milioni di anni, la formazione delle prime stelle per collasso di gas e polveri interstellari;
- Dopo miliardi di anni, su un pianeta come la Terra, la combinazione di atomi di carbonio, ossigeno, azoto e idrogeno, per dare origine alle cellule viventi;
- Miliardi di anni fa, la federazione delle cellule per formare piante e animali;
- 300.000 anni fa, la comparsa dell'uomo moderno, dotato della coscienza necessaria per concepire queste domande?

noi non sappiamo.

La scienza che ha generato questa conoscenza e ha permesso queste domande si è basata per molto tempo sulla fisica classica, che aveva dimostrato la sua capacità di descrivere e prevedere accuratamente i fenomeni macroscopici. *Si diceva che la fisica* classica fosse oggettiva perché doveva essere indipendente dall'osservatore.

Poi la meccanica quantistica ha prevalso, al di là dei limiti e delle deficienze della fisica classica. Grazie ad esso, vediamo da un lato una realtà inaccessibile in cui non è avvenuta la riduzione del pacchetto d'onda in particelle di materia, e dall'altro un'apparizione di questa realtà dove le entità sembrano trovarsi in stati macroscopici definiti.

Non possiamo descrivere con i nostri soliti concetti ciò che questa nuova fisica ci mostra, ma tutti gli osservatori concordano su ciò che stanno osservando. E la spiegazione più semplice per cui diversi osservatori concordano su ciò che osservano è che c'è qualcosa al di fuori di loro, un mondo esterno che causa le loro percezioni, secondo il principio noto come "causa comune".

Infatti, se la fisica quantistica si dimostra straordinariamente predittiva, non è in grado di descrivere i concetti che usa: lo spazio-tempo curvo, lo stato sovrapposto di un'onda e di una particella, l'entanglement degli stati di due sistemi interagenti, o il non separabilità. È impossibile per noi rappresentare mentalmente questi concetti. Solo gli oggetti matematici possono esprimere, simbolizzandoli, esperienze impossibili da raccontare nel linguaggio quotidiano. **Così, per la prima volta, dobbiamo concepire l'esistenza di un mondo che non è quello che ci appare attraverso i nostri sensi e l'interpretazione che ne fa il nostro cervello.**

E infatti, se i nostri sensi ci danno una visione globale del mondo in cui viviamo, non ci dicono nulla del mondo così com'è. Per questo il vero reale è definito come indipendente dal modo in cui lo osserviamo. Pertanto, si dice che abbia una forte obiettività.

Il mondo che crediamo di conoscere si chiama reale empirico, o fenomenico, perché è costituito dai fenomeni che percepiamo. E poiché ne condividiamo la percezione, si dice che abbia una bassa obiettività.

Questa realtà empirica è strutturata da un certo numero di semplici leggi, ma sono leggi solo per noi. Il loro aspetto e le loro strutture dipendono in parte da noi. Einstein ha scritto che "lo spazio e il tempo sono i modi in cui pensiamo e non le condizioni in cui viviamo". Lo spazio-tempo è una percezione, un fenomeno; è solo una realtà per noi, non è la realtà stessa.

Quindi ciò che la fisica ora ci insegna è che dobbiamo considerare due piani contemporaneamente quando siamo interessati alla realtà. Da un lato, dobbiamo accettare l'idea di una presunta realtà indipendente perché non possiamo contemplarla in sé, perché la sua esistenza non dipende dalle nostre percezioni e dai nostri mezzi di osservazione. Possiamo presumere che l'origine dei fenomeni sia lì e cercare di conoscerla meglio sapendo che potrebbe essere inaccessibile.

D'altra parte, dobbiamo rilevare l'esistenza della realtà empirica, che è quella delle cose, della vita, dell'evoluzione, dell'Universo stesso, così come noi le percepiamo, ma ammettere che solo un reale indipendente sfugge alla nostra comprensione. noi.

La scienza continua ad avanzare nella descrizione dei fenomeni, in base a ciò che percepiamo direttamente o attraverso i nostri dispositivi, che è il quadro in cui viviamo e che si estende a stelle e galassie. Ma non dice che siamo progrediti nella conoscenza di ciò che esiste indipendentemente da noi, il reale stesso. Le teorie sono algoritmi utili per prevedere la realtà empirica, ma si applicano solo alla realtà empirica.

Tuttavia, ci sono innegabilmente grandi leggi universali, come le equazioni di Maxwell, che sono rimaste notevolmente rilevanti nonostante le variazioni nella loro interpretazione da parte di diverse successive teorie fisiche. Scopriamo che i fenomeni le obbediscono e che queste leggi continuano ad essere appropriate. Pertanto, è possibile che qualcosa del reale indipendente si trovi in alcune delle nostre leggi fisiche che rappresentano il nostro reale empirico.

Questo reale indipendente dovrebbe essere velato nella concezione filosofica sviluppata dal fisico francese Bernard d'Espagnat secondo la quale esiste un vero reale, poiché la realtà ci resiste. Molte delle nostre teorie si sono frantumate nei fatti e quindi nella realtà. Ma questo vero duro non è quello che percepiamo. La tesi della realtà velata presuppone che la realtà stessa abbia strutture, che le nostre grandi leggi fisiche siano emanazioni di queste strutture e che gli oggetti non siano affatto cose in sé. Quindi ce ne sono almeno due veri. Costruiamo il reale empirico, e costruiamo non solo il presente e il futuro, ma anche il passato. Ma il reale in sé, anche se solo velato, è tuttavia di un ordine completamente diverso dal reale empirico. E se c'è indeterminismo, è una caratteristica della realtà empirica, dei fenomeni, delle previsioni delle osservazioni, e non della realtà stessa.

F) Realtà e coscienza

Ma qual è questa realtà empirica che intendiamo costruire? Quando vediamo un tavolo in una stanza, deduciamo che c'è davvero un tavolo in quella stanza. Eppure, se non fosse un tavolo ma un elettrone, la deduzione sarebbe diversa. La fisica ci dice che è l'osservazione stessa che mette l'elettrone nello stato in cui possiamo rilevarlo. Quindi, quando non siamo lì per osservare, l'elettrone non è in uno stato rilevabile da noi. Per noi, quindi, non è nella stanza quando non ci siamo. Pertanto, la deduzione è valida solo quando si riferisce ad oggetti che ci sembrano macroscopici. Pertanto, la realtà è, almeno in parte, creata dall'osservazione.

Se decidiamo di osservare indirettamente un elettrone, è un'onda diffusa nello spazio. Ma se scegliamo consapevolmente di osservarlo direttamente, diventa una particella situata in un singolo punto nello spazio. La realtà si costruisce in questo o in quel modo a seconda di come decidiamo di osservarla. **È la nostra coscienza che prende questa decisione, il che significa che è la coscienza che crea parzialmente la realtà.**

La nostra cultura scientifica tradizionale vorrebbe che evitassimo la nozione di coscienza per descrivere il mondo. Ma dobbiamo ammettere che stiamo parlando di interpretazioni per l'osservatore esperienziale, il che implica un'attenzione selettiva a questo piuttosto che a quello. L'osservatore è, allora, qualcosa che ha un'intenzione, che esercita consapevolmente una volontà.

È ormai accettato che non possiamo accedere, con la nostra coscienza, alla vera essenza della materia, al campo quantistico o alla funzione d'onda. Questa essenza si manifesta nel mondo fisico attraverso i suoi effetti: rilevamento di particelle, effetti di interferenza, ecc. Tuttavia, siamo riusciti a rappresentarlo poiché entità matematiche come il campo quantistico o la funzione d'onda ne sono rappresentazioni. Quindi, dal momento in cui ne costruiamo una rappresentazione matematica che corrisponda a quella realtà, allora, in un certo senso, parte dell'essenza della materia diventa cosciente.

Ma la coscienza non crea la materia, come pensavano una volta alcune persone. Nessun fisico sostiene più che la riduzione del pacchetto d'onda sia dovuta ad un'azione diretta della coscienza sul sistema. L'aspetto classico del mondo deriva dalla nostra incapacità di fare le misurazioni che dimostrerebbero che non è veramente classico. Sono le nostre strutture mentali che richiedono, quando osserviamo consapevolmente un sistema quantistico, che ci sia una sola risposta.

Ma, se la coscienza non agisce sui sistemi quantistici, invece genera, per definizione, il reale empirico, il reale percepito. Il reale è limitato a ciò che le nostre capacità umane consentono e, in definitiva, è la nostra coscienza che determina queste limitazioni. La coscienza non agisce sulla realtà ma, per i limiti di osservazione che ci impone, è responsabile del modo in cui questa realtà ci appare. Il mondo fisico si evolve essendo soggetto alle regole della meccanica quantistica e la coscienza, in ogni momento, fa un'interpretazione dello stato attuale del mondo. La molteplicità delle nostre coscienze contribuisce all'emergere della realtà empirica, che è quindi il prodotto della nostra costruzione collettiva.

Lo strano paradosso è che la coscienza è ciò che ci limita ad una percezione molto imperfetta del reale, il reale empirico, e allo stesso tempo è ciò che ci permette in qualche modo di intuire il vero reale stesso, al di là di ciò che noi percepiamo.

Ma chi è dotato di coscienza? Non sembra esserci una netta separazione tra i viventi, tra esseri inconsci e coscienti. Pertanto, è impossibile rispondere a questa domanda. Qualsiasi ipotesi che assegni la coscienza a una categoria ristretta è arbitraria. So solo che io stesso sono cosciente, e mi sembra probabile che lo siano anche altri uomini, e forse anche alcuni degli animali più evoluti. Pertanto, sembra ragionevole affermare che gli esseri con un sistema nervoso dotato di una certa complessità sono coscienti.

Ma se è ammissibile questa ipotesi di un sistema nervoso complesso che genera la coscienza, è più difficile ritenere che sia questo stesso sistema nervoso a costituire la coscienza. Come distinguere tra il sistema nervoso, il cervello e lo stato di coscienza?

Abbiamo visto che è la coscienza che crea la realtà empirica, che non è la realtà ma solo la sensazione che ne abbiamo. Neurologi e fisici sottolineano che è rilevante dire che è la coscienza e non il cervello a creare questa realtà empirica. Il cervello è fatto di materia ed è il prodotto dell'osservazione. Tuttavia, ora sappiamo che la materia che osserviamo è solo una rappresentazione della realtà. Se mettiamo in discussione la realtà osservabile, siamo costretti a mettere in discussione il cervello stesso nella sua materialità. Gli elementi di cui sono fatti i nostri neuroni sono solo realtà empiriche, realtà "per noi", per la nostra coscienza. È allora difficile concepire che questa realtà generata dalla coscienza costituisca la coscienza. **Quindi dobbiamo considerare la coscienza come qualcosa di prodotto in parte dal cervello, ma che è qualcosa di più del cervello.**

Il confronto dei fisici con l'intima natura della realtà li porta a pensare che la materia sia ridotta a vibrazioni, che lo spazio sia malleabile e che il tempo, in un certo senso, non esista. Il mondo come lo percepiamo esiste solo come percezione della nostra coscienza. Alcuni scienziati riconosciuti arrivano a considerare che la coscienza potrebbe svolgere un ruolo molto più fondamentale nell'Universo, che ne sarebbe un fatto intrinseco e fondamentale e che come tale non potrebbe mai essere spiegato.

Un'ipotesi sorprendente è stata formulata da John Wheeler, uno dei più grandi fisici del 20° secolo, Allievo di Bohr, collega di Einstein, direttore di tesi di due premi Nobel per la fisica, Richard Feynman e Kip Thorn. Ha suggerito che poiché la realtà empirica è creata dall'osservatore, nessun fenomeno è reale, in senso empirico, prima di essere osservato. Quindi, come considerare ciò che è accaduto prima dell'apparizione della coscienza? Secondo Wheeler, aiutiamo a realizzare non solo il qui e ora, ma anche il passato lontano e lontano. Il risultato dell'esperimento di scelta differita, nel 1984, e un altro nel 2007, mostrano che la coscienza dell'osservatore è necessaria per dare esistenza all'Universo così come lo percepiamo. La Terra prima della comparsa della vita può esistere solo in uno stato indeterminato, e un Universo empirico "preconscio" può esistere solo retroattivamente.

Pertanto, alcuni scienziati ritengono che l'ultimo stadio della complessità sembri essere lo sviluppo della coscienza, che da solo può generare un Universo empirico.

G) Matematica e coscienza

Dal momento che la fisica ci porta sorprendentemente alla coscienza, che dire della matematica, la scienza più astratta che ci sia? Questi apparvero circa 4.000 anni fa in Babilonia e in Egitto, e si dimostrarono molto utili nella gestione di questi primi grandi stati centralizzati. Contare, calcolare, le basi dell'aritmetica, poi le basi della geometria hanno permesso di capire i grandi numeri, misurare lunghezze, superfici, volumi.

Informati di questa prima conoscenza, i Greci, dal VI secolo a.C., teorizzarono l'idea di dimostrazione, che permette di stabilire risultati esatti e universali a partire da poche ipotesi accettate. Talete, Pitagora, Euclide hanno sviluppato principi che sono ancora insegnati nelle nostre scuole. Alla fine dell'VIII secolo a.C., gli studiosi arabi iniziarono a studiare la matematica greca. Arricchirono la teoria dei numeri e della geometria, poi crearono una nuova disciplina, l'algebra, che stabilisce il legame tra aritmetica e geometria.

Fu nel XVI e XVII secolo che i matematici europei introdussero novità, come i numeri complessi. Cartesio, Pascal,

Fermat, Newton, Leibnitz, Huygens, Bernoulli, Eulero, d'Alembert, Lagrange e molti altri, arricchirono notevolmente le conoscenze matematiche e le misero al servizio della fisica, con tale efficacia che Galileo fece notare che "il libro di la natura era scritta in linguaggio matematico.

L'Universo ci è comprensibile perché ci sembra governato da leggi matematiche. Il loro comportamento può essere modellato utilizzando queste leggi. La prima delle interazioni descritte in linguaggio matematico fu la gravitazione. Pertanto, la legge di Newton ci mostra come qualsiasi oggetto nell'Universo attragga qualsiasi altro oggetto con una forza proporzionale alla sua massa.

I matematici a volte sono curiosi della matematica, che può sembrare teorica e inutile finché questa curiosità sembra giocare un ruolo fondamentale nello spiegare la natura. È così che il matematico tedesco Georg Riemann sviluppò, nel 1854, il concetto di spazio curvo. È uno spazio in cui la somma degli angoli di un triangolo non è più uguale a 180 gradi, ma minore o maggiore. Basta disegnare un triangolo su un palloncino per immaginarlo.

È grazie a questa geometria che Einstein, 60 anni dopo, ha capito che lo spazio fisico e l'Universo sono curvi. La geometria di Euclide non è del tutto adattata a queste dimensioni, sebbene sulla scala del sistema solare sia ancora molto rilevante. È grazie alla geometria di Riemann che Einstein è stato in grado di spiegare le sue equazioni della relatività generale.

$E=mc^2$, la sua famosa formula, stabilì un'equivalenza tra massa ed energia. Suggeriva anche proprietà ancora sconosciute e scoperte fisicamente solo in seguito.

I concetti familiari usati fino ad ora non possono più descrivere completamente la realtà; solo la matematica riesce in questo. La fisica ha utilizzato lo straordinario potere della matematica per ricostruire un'enorme diversità di sistemi a partire da pochi principi. La scoperta degli antiprotoni, quelle particelle che fanno scomparire i protoni per collisione, è dovuta a esperimenti degli anni 50. Ma questi fatti erano stati precedentemente previsti dai teorici sulla base di calcoli matematici.

A volte le previsioni matematiche vanno contro il buon senso del fisico. Nel 1915 Einstein propose le sue leggi della relatività generale che descrivevano come funziona l'Universo e sconvolgevano la nostra visione del mondo. La sua prima versione di queste leggi descriveva un Universo in espansione. Lo stesso Einstein rifiutò questo concetto dell'Universo delineato dalle sue formule matematiche. Pertanto, ha inserito nelle sue funzioni una costante che serviva solo a rendere più stabile il suo modello dell'Universo. Ma le osservazioni confermarono alcuni anni dopo che l'Universo si stava effettivamente espandendo, come aveva inizialmente calcolato. Einstein riconobbe che l'aggiunta di questa costante era stato il più grande errore della sua vita. La sua formulazione matematica iniziale era corretta. Era stata la rappresentazione fisica di lui nella sua mente che lo aveva ingannato. Anche lui!

Il cosmo sembra, con estrema precisione, essere guidato dalla matematica. Più aumenta la nostra comprensione del mondo fisico e delle leggi della natura, più siamo attratti dai concetti del mondo della matematica. Eugene Wigner, nel 1960, in una famosa conferenza, arrivò a parlare dell'"irragionevole efficienza della matematica" nelle scienze fisiche.

Così, tutti i matematici ei fisici teorici pensano al mondo come a una struttura governata precisamente da leggi matematiche. Alcuni arrivano a concepire il mondo fisico come emergente da un mondo matematico senza tempo.

Il grande amico di Einstein, Kurt Gödel, considerato da alcuni il più grande logico dai tempi di Aristotele, dà grande credito alle testimonianze di grandi matematici che sono in contatto con un mondo della matematica che non è una creazione delle loro menti. Questa è una concezione platonica della matematica: "Sembra che si possa confutare l'idea che la matematica sia una creazione della mente umana... oggetti e fatti matematici esistono oggettivamente e indipendentemente dalle nostre azioni mentali e dalle nostre decisioni". Il fisico Trinh Xuan Thuan è anche convinto che l'estrema efficienza della matematica nel descrivere l'Universo fisico derivi dal fatto che le leggi naturali derivano da un mondo platonico di entità pure che si manifestano nel nostro mondo materiale.

I progressi nella matematica sarebbero quindi, in senso letterale, scoperte, che sono legate a verità preesistenti, risultanti da un mondo di matematica pura, che il matematico esplora. Non sarebbe una semplice costruzione della mente umana ma un mondo con il quale avremmo un legame privilegiato. Questa tesi di un mondo di verità matematiche, distinto dal mondo fisico, e dal quale dobbiamo comprendere il mondo fisico, sembra implicare che questi due mondi siano reali quanto l'altro.

Secondo il matematico britannico Roger Penrose, premio Nobel per la fisica nel 2020, l'essere umano è, fin dall'infanzia, capace di stabilire una sorta di contatto con il mondo platonico della matematica. Quando a un bambino vengono mostrate diverse raccolte di oggetti, il bambino riesce abbastanza rapidamente a identificare la nozione di numero da queste presentazioni. In un certo senso, i numeri naturali sono già lì.

Esistono in un mondo platonico e accediamo a questo mondo attraverso la nostra capacità di prestare attenzione alle cose. Secondo Penrose, questa comprensione della matematica è diversa dal regno del calcolo. Non c'è limite tra la comprensione e la coscienza nell'uomo. La nostra comprensione è un prodotto della coscienza.

Penrose ha dimostrato, usando una variante del famoso teorema di Gödel, che un computer non può scoprire teoremi matematici. La scienza più rigorosamente logica, quella della matematica astratta, non può essere programmata su un computer, per quanto potente esso sia. Penrose interpreta questo nel senso che i processi del pensiero matematico, e per estensione quelli di tutti i pensieri e comportamenti coscienti, non sono impiantabili in un computer. L'incapacità di essere programmati in un computer, la non computabilità, è una caratteristica di tutta la coscienza. Nessun computer può simulare la coscienza. Se riesci a inserire un modello in un computer, è calcolabile. Secondo Penrose, alcuni concetti non sono computabili: giudizio, buon senso, intuizione, sensibilità estetica, compassione, moralità...

Questa probabile esistenza di un legame tra la mente umana e il mondo matematico rafforza l'idea che la coscienza, l'espressione di questa mente, non sia interamente prodotta dal cervello, sebbene non possa essere espressa senza il suo aiuto.

H) Anche le scienze della vita sono messe in discussione

Viene stabilita la teoria dell'evoluzione che afferma che tutti gli organismi viventi hanno avuto origine da fonti comuni. La più riconosciuta delle teorie dell'evoluzione, il darwinismo, si basa sull'ipotesi di mutazioni genetiche causate dal caso e su una selezione naturale delle mutazioni più favorevoli alla sopravvivenza. Siamo, dunque, il frutto di "caso e necessità", come titola un libro del premio Nobel francese Jacques Monod. Il risultato osservato, dalla comparsa della vita, è un graduale aumento della complessità della vita. Tutte le prove dimostrano che se torniamo alle nostre origini, troveremo una scimmia, poi un pesce, poi un invertebrato, poi un batterio.

Questa teoria darwiniana ha avuto così tanto successo nello spiegare le diverse forme di vita, attuali e passate, che è diventata il riferimento. Consacra così la spiegazione materialista dell'apparizione della vita e dell'uomo, squalificando definitivamente gli antichi riferimenti religiosi alla creazione.

Come conseguenza di questa teoria, i più alti attributi dell'uomo, come la coscienza o lo spirito, possono essere solo materiali. L'attuale dogma delle neuroscienze è che la coscienza è un prodotto dell'attività cerebrale e secondo Francis Crick, premio Nobel per la medicina, o Jean-Pierre Changeux, il riferimento alla mente non è più necessario. "L'uomo non è altro che un mucchio di neuroni."

Ma dalla seconda metà del XX secolo, il darwinismo ha affrontato alcune scoperte e riflessioni che sollevano interrogativi. Infatti, la storia della maggior parte delle specie fossili presenta due caratteristiche incompatibili con il gradualismo darwiniano, che definisce l'evoluzione come progressiva e costante per adattarsi ai cambiamenti dell'ambiente.

Per prima cosa, la maggior parte delle specie non mostra cambiamenti evidenti nel corso della loro vita sulla Terra. Pertanto, il paleontologo americano Stephen Jay Gould ha sottolineato l'estrema rarità delle forme fossili di transizione all'interno della stessa specie. Questo è il problema degli anelli mancanti nelle tracce lasciate dagli strati paleontologici. I primi fossili conosciuti di una data specie sono molto simili agli ultimi. D'altra parte, le specie sembrano apparire all'improvviso, completamente formate. Il fatto che i fossili mostrino stabilità delle specie per lunghi periodi e bruschi cambiamenti in un breve periodo contraddice una concezione gradualista dell'evoluzione.

E infatti, per 60 milioni di anni, l'evoluzione verso l'uomo sembra essere avvenuta per stadi, non gradualmente, a cominciare dai primati più primitivi, le proscimmie. Poi sono arrivate le scimmiette, le scimmie, 40 milioni di anni fa. Le grandi scimmie sono apparse 20 milioni di anni fa; uomini arcaici, (homo habilis, erectus...), 3 milioni di anni fa, e homo sapiens, noi stessi, quasi 300.000 anni fa. Ogni specie, dando origine alla successiva, sembra perdere la sua capacità di evolversi. Le proscimmie, i lemuri, non sono cambiate in 40 milioni di anni; le piccole scimmie per 20 milioni di anni e le grandi scimmie per 3 milioni di anni.

L'evoluzione, il cui contenuto e il cui ritmo sono sempre più difficili da spiegare, sembra dipendere non dai cambiamenti climatici, né solo dalla selezione naturale, ma da una logica interna, orientata e non casuale. Secondo il lavoro della paleontologa francese Anne Dambricourt, la causa della nostra evoluzione non è fuori di noi, ma dentro di noi, in un misterioso determinismo interno che ancora non riusciamo a spiegare, ma che può essere chiaramente dimostrato.

Inoltre, ci si interroga, man mano che la nostra conoscenza dell'inizio della vita avanza, sulla probabilità che il caso possa creare una prima forma elementare di vita. Darwin suggerì l'apparizione di una forma di vita da un brodo primitivo, e che essa sorse per caso nel tempo. Ma questo è impossibile data la complessità della più piccola forma di vita elementare, la cellula. Per vivere, cioè per essere autonomo, per svilupparsi e riprodursi, deve avere una struttura estremamente densa e organizzata. Ricerche recenti mostrano che la forma di vita più semplice è incredibilmente complessa. Passare dalla materia minerale al più piccolo componente della vita, una proteina o un gene, sembra molto più complicato che evolversi dai batteri all'uomo.

Infatti, la vita inizia con la prima cellula, e questo richiede diverse centinaia di macromolecole biologiche specifiche diverse. Dagli anni '70, gli scienziati hanno rinunciato a cercare di ricavare la vita dal non vivente, poiché ora sembra irrealizzabile. Una successione di passaggi estremamente improbabili sembra necessaria per l'origine della vita. Francis Crick, uno schietto ateo materialista, scrive che una struttura come il DNA è troppo complessa per essere apparsa per caso.

Va inoltre notato che il passaggio da inerte a vivo è avvenuto una sola volta nella storia del nostro pianeta, poiché la biologia ci dice che esiste un solo antenato comune a tutti gli esseri viventi.

Inoltre, l'evoluzione darwiniana richiede tempo, più di quanto ne abbia avuto. Kurt Gödel ha già affermato che un giorno la matematica dimostrerà che non c'è abbastanza tempo dall'origine della Terra per guidare l'uomo attraverso un processo di tentativi ed errori. I modellatori matematici stanno ora dimostrando che i livelli di complessità degli esseri viventi superano di gran lunga ciò che i processi evolutivi darwiniani possono produrre. Questa complessità non può che essere, infatti, il risultato di un algoritmo ottimizzato in cui l'obiettivo desiderato è integrato. Cioè, non lascia spazio o tempo per tentativi ed errori.

Molti biologi evoluzionisti si sono ora staccati dal darwinismo affermando che l'evoluzione è diretta. Sarebbe in qualche modo prevedibile se visto su una scala temporale sufficientemente ampia.

Al di là della comparsa della vita e dell'evoluzione stessa, c'è il problema della comparsa della coscienza e del libero arbitrio, che sembra caratterizzare le forme di vita più avanzate. L'uomo, sulla Terra, è suo, o uno dei suoi rappresentanti.

Il biologo americano Gerald Edelman, premio Nobel, descrive due livelli di coscienza, una coscienza primaria a cui avrebbero accesso gli animali e una coscienza superiore in cui il linguaggio giocherebbe un ruolo determinante. La coscienza primaria ci permette di cogliere le conseguenze delle azioni sull'ambiente. Dirige l'attenzione per eseguire compiti complessi. Permette di valutare e correggere gli errori. E quindi, offre opportunità per un apprendimento più complesso ed esteso.

E infine, è necessario per l'emergere di una coscienza di ordine superiore. L'individuo che ne è dotato non sarà più limitato al presente ma prenderà coscienza di sé, delle sue azioni passate e delle possibilità future. Non è più semplicemente capace di memorizzare a lungo termine, ma di essere consapevole di questo potere. Lo sperimentiamo tutti quando riflettiamo su noi stessi, sulla nostra vita, su come ci sentiamo.

Questa forma di coscienza superiore richiede il possesso di aree della corteccia appositamente dedicate al linguaggio. La possibilità del linguaggio, grazie all'esistenza di queste aree del cervello, è per Edelman la caratteristica principale che permette l'emergere di questa nuova forma di coscienza, più elaborata della coscienza primaria.

Il vantaggio selettivo non è sufficiente a spiegare l'emergere della coscienza primaria. Perché la selezione naturale operi su un tratto apparente, è necessario che il caso delle variazioni genetiche ne abbia prima tracciato un contorno. Ma come possono le variazioni nei geni dare origine alla coscienza? L'evoluzionista non sa come rispondere. Lo schema darwiniano non sa come spiegare l'emergere originario della coscienza primaria. Forse può giustificare, e solo dopo l'emergenza che si è manifestata, un certo sviluppo di coscienza, un consolidamento, una strutturazione su più livelli.

Il biologo francese Remy Chauvin ha visto l'evoluzione come un programma che cerca di raggiungere sé stesso. Questo programma non poteva che essere la realizzazione di forme di coscienza sempre più evolute. L'uomo moderno è probabilmente più intelligente del suo antenato scimmia; il corvo rispetto al dinosauro da cui proviene; il delfino pakicetus. Sembra che l'evoluzione della specie si presenti come una lenta ascesa verso l'intelligenza e la coscienza.

Considera il libero arbitrio, questa capacità di esercitare la vera libertà nel nostro processo decisionale, identificato come un importante indicatore della coscienza. Per molto tempo abbiamo pensato di essere liberi nelle nostre decisioni. Ma le scoperte scientifiche hanno gradualmente limitato la portata della nostra libertà. Si è scoperto che le nostre decisioni, sebbene ci sembrino libere, sono in realtà condizionate da innumerevoli fattori, il nostro DNA, la biologia e la chimica del nostro corpo, la cultura, l'ideologia e l'ambiente in cui abbiamo vissuto. Era intellettualmente allettante dedurre che noi, come l'Universo in cui viviamo, siamo completamente determinati da eventi passati. Molti scienziati hanno fatto questo passo. Altri no.

Il neurobiologo americano Benjamin Libet deve la sua fama ai suoi esperimenti nel campo della coscienza e del libero arbitrio. Ha mostrato che prima di compiere un gesto, nella parte corrispondente del nostro cervello appare un'ondata di preparazione motoria. Poi, prima che l'atto sia compiuto, o lasciamo che il processo che è stato sviluppato dal nostro inconscio abbia luogo, oppure decidiamo di fermarlo. Esercitiamo la nostra volontà. La decisione viene presa circa 0,5 secondi dopo l'inizio dell'ondata di preparazione. Il processo preparatorio inizia quindi prima della decisione consapevole dell'atto. Infatti, il movimento volontario è già programmato prima che la coscienza se ne accorga.

Quindi il libero arbitrio non è un'illusione. Per lo meno, assume la forma di un diritto di veto su potenziali atti che noi stessi non abbiamo avviato consapevolmente. Possiamo dedurre l'esistenza di qualcosa che si impone ai processi neurali, e che non è, ad oggi, definibile con precisione. Il luogo in cui si esercita questo libero arbitrio si chiama coscienza. Le sensazioni o la coscienza sono ovviamente associate ai meccanismi cerebrali.

Se l'inevitabile evoluzione della vita sembra condurre al sorgere della coscienza della materia, questa coscienza non può essere di natura materiale. In effetti, non possiamo più confondere coscienza e cervello. Il cervello è una rete materiale di neuroni, sinapsi e sostanze biochimiche. La coscienza è, in parte, un flusso di esperienze soggettive, come il dolore e il piacere, la rabbia e l'amore. Non sappiamo come spiegare come nasce la coscienza nel cervello, o perché proviamo dolore in alcune configurazioni di neuroni e amore in altre.

Per Libet, la coscienza è un campo che non corrisponde a nessuno dei campi fisici conosciuti, e che nessun fenomeno fisico o teoria descrive correttamente. Questa consapevolezza è unica per noi?

L'Universo nella sua immensità, le galassie, le stelle, i pianeti, presentano ovunque strutture notevolmente simili a quelle in cui viviamo. Allo stesso modo, nel mondo microscopico, osserviamo ovunque gli stessi atomi, le stesse molecole. Queste somiglianze derivano dal fatto che le leggi della fisica che governano la creazione e l'evoluzione di queste strutture sono esattamente le stesse ovunque. Possiamo quindi logicamente supporre che a un livello intermedio, quello degli organismi viventi, dove le condizioni fisiche lo consentono, si manifestino gli stessi effetti: l'apparire della vita, e il suo sviluppo verso i più alti livelli di complessità, come l'intelligenza e la coscienza.

Per il biologo belga Christian de Duve, premio Nobel per la medicina, le leggi biochimiche producono restrizioni così rigide che il caso viene incanalato e la comparsa della vita, e della coscienza, è necessariamente avvenuta più volte nell'Universo: "È nella natura stessa della vita. generare intelligenza dove e quando le condizioni richieste sono soddisfatte. **L'esistenza di altri esseri viventi in altre parti dell'Universo sembra inevitabile, così come l'apparizione della coscienza in alcuni di essi.**

I) scienza e spiritualità

L' emergere di esseri intelligenti e coscienti, risultato di una messa a punto straordinariamente fine delle leggi della natura, sembra come se l'Universo e le sue leggi fossero state specificatamente definite perché si verificasse. Il principio antropico che il semplice fatto di esistere seleziona, tra tutti gli ambienti possibili, solo quelli che permettono l'emergere della vita, è una dichiarazione di evidenza. Ma è diverso per coloro che vogliono che la nostra esistenza imponga non solo restrizioni al nostro ambiente ma anche alle leggi della natura. Non è solo il nostro ambiente, il sistema solare, che permette l'emergere della vita, ma anche l'intero Universo, che è molto più difficile da spiegare. **Poiché il caso cieco non è più credibile, l'unica spiegazione razionale per l'apparizione della vita è che essa derivi da leggi dell'Universo ancora sconosciute.**

"L'Universo cospira per l'apparizione dei viventi, e la vita cospira per l'apparizione della coscienza." Diventa infatti ragionevole avanzare l'ipotesi di un progetto, portato avanti da un'intelligenza. Per Einstein, questa immensità, questa complessità, l'intelligenza di questi assemblaggi inducono la necessità di un'entità onnisciente all'origine dell'Universo, un grande organizzatore. L'astrofisico americano Georges Smoot, premio Nobel per la fisica, scriveva nel 1994: "L'Universo mi sembra esattamente l'opposto di un universo privo di ragione. La natura è quello che è, non come risultato di una sequenza casuale senza senso di eventi, ma piuttosto perché non potrebbe essere diversamente. La sua evoluzione è stata inscritta sin dal suo inizio in una sorta di DNA cosmico. C'è un chiaro ordine nell'evoluzione dell'universo. Così, i successi della fisica hanno introdotto nella scienza la questione di un principio creativo e organizzatore, di un Grande Architetto, infrangendo così un tabù.

Nello stesso momento in cui questa ipotesi viene stabilita, viene rivelato uno strano universo la cui realtà ci sfugge. La classica affermazione "tutto è materia" non ha più senso scientifico. Dobbiamo abbandonare l'idea di un mondo fatto solo di cose.

Le nostre rappresentazioni della realtà sono state messe in discussione dalla distorsione dello spazio, dalla nuova definizione del tempo, da queste particelle che restano in comunicazione nonostante il tempo e lo spazio. La realtà va ben oltre ciò che possiamo vedere, toccare e misurare. E non possiamo dubitare di questa teoria quantistica, che descrive qualcosa di frammentato e privo di sostanza, e che è la migliore teoria scientifica finora scoperta. Costruita inizialmente come teoria di atomi e molecole, si dimostrò gradualmente rilevante in tutte le aree della fisica, affermandosi così come teoria universale.

Questa fisica quantistica riconduce tutto, direttamente o indirettamente, alla nozione di predire i risultati degli esperimenti, il che implica che sia sempre in relazione con la nostra esperienza, con ciò che vediamo o sentiamo. L'uomo è uno dei creatori di questo mondo empirico che apprende, riflesso di un mondo che esiste in sé. Bohr ha ricostruito ciò che Copernico aveva screditato: ha posto l'uomo al centro della propria rappresentazione dell'Universo.

Il dualismo, l'idea che lo spirito possa esistere separato dalla materia, è diventato di nuovo concepibile da quando la fisica quantistica mostra che una dimensione non materiale della realtà può esistere e interagire con la nostra. La fisica attuale rende incoerente la tesi di una coscienza **prodotta esclusivamente** dalla materia. Molti scienziati oggi credono che la coscienza, sebbene prodotta dal cervello, sia di natura diversa rispetto ai componenti fisici e chimici del cervello. Inoltre, come abbiamo visto, vi sono forti indicazioni di un possibile contatto tra la mente umana e un altro livello di realtà attraverso il canale della matematica. Da lì, è naturale postulare che la coscienza possa essere collegata a un'altra dimensione immateriale della realtà.

Schrödinger aveva sottolineato il paradosso creato dalla molteplicità delle coscienze in azione. Il nostro mondo intersoggettivo, co-costruito, ma unico, si sviluppa da una pluralità di coscienze. Come spiegarlo altrimenti se non con l'ipotesi di un'unità di coscienza, di cui la molteplicità è solo un'apparenza. Ci sarebbe un solo spirito, che risplende in ciascuno di noi. Le nostre molteplici coscienze partecipano all'emergere della realtà empirica, il nostro comune luogo di incontro. I nostri stati di coscienza sono autenticamente correlati perché esiste una sola mente.

Riclassificando come scientifico il riferimento a qualcosa di diverso dalla materia, la fisica quantistica ha aperto nuove possibilità filosofiche. Ma questi, che postulano l'esistenza di un altro livello di realtà di cui il nostro sarebbe solo la proiezione, non implicano in alcun modo l'esistenza di un soprannaturale divino. **Nulla nella fisica quantistica parla di una divinità.** Ma la credenza in un'entità spirituale creatrice che non è un dio personale si sta diffondendo nella comunità scientifica.

Einstein credeva nell'intelligibilità del mondo e credeva che questa ricerca umana dell'intelligibilità non fosse il risultato di un semplice sforzo di volontà. Vi vedeva la manifestazione di un terzo livello di esperienza religiosa, quello che la religione raggiunge quando supera i primi due, la religione della paura e la religione morale. Questo terzo livello, che non corrispondeva ad alcun concetto umano, consisteva per lui nel riconoscimento della natura sublime e meravigliosa dell'ordine che si rivela sia nella natura che nel mondo del pensiero. Einstein credeva nel Dio di Spinoza che si rivela nell'armonia ordinata dell'esistente, e non in un Dio personale che interagisce con l'uomo. La convinzione di Einstein non poteva che scuotere la solidità del pensiero materialista: "Tutti coloro che si occupano seriamente di scienza un giorno capiranno che uno spirito si manifesta nelle leggi dell'Universo, uno spirito immensamente superiore a quello dell'uomo". **Così la fisica, ferocemente separata dalla metafisica, potrebbe ormai essere considerata come una possibile introduzione a questa metafisica.**

CAPITOLO III. Analisi esistenziale e riabilitazione dello spirito

La visione di Einstein ha ispirato quella di Bernard d'Espagnat, il quale presuppone l'esistenza di una realtà verso la quale la mente umana può e vuole tendere, consapevole dell'insufficienza delle sue capacità di accedervi. Si unisce anche a questa rappresentazione dell'uomo esistenziale di Viktor Frankl, un essere dell'attesa e della ricerca, la cui natura è quella di tendere verso qualcosa che non potrà mai raggiungere e che, quindi, partecipa alla metafisica.

Questo evoca in qualche modo Cartesio che rappresentava il mondo pieno, da un lato, di oggetti, e dall'altro, di soggetti dotati di coscienza, che permetteva loro di percepire gli oggetti. Questa consapevolezza era anche ciò che liberava il soggetto. Poi vennero Marx e Freud, che guadagnarono un po' della loro celebrità proclamando "la morte del soggetto", affermando che i comportamenti ritenuti liberi sono in realtà determinati da fattori sociali per Marx e dall'inconscio per Freud.

Così, questa grande questione filosofica del soggetto, libero grazie alla sua coscienza, è stata risolta da queste nuove scienze che ci hanno spiegato fino a che punto avevamo l'impressione di scegliere in piena libertà ma che era solo un'illusione.

È innegabile che le nostre decisioni dipendono dalle circostanze, dal contesto e da chi siamo. Sappiamo essere un prodotto dell'innato e dell'acquisito. La natura è scritta nei nostri geni, determinata dai geni dei nostri genitori. E le scienze umane ci dicono come la nostra educazione, il nostro ambiente, le nostre emozioni passate ci modellano, spesso senza che ce ne rendiamo conto. Le scienze della vita ci avevano anche spiegato che i nostri pensieri, la nostra coscienza, sono solo il prodotto di processi fisico-chimici, determinati da cause precedenti.

Va anche sottolineato che lo psicoterapeuta che aderisce a questa posizione scientifica deterministica si trova di fronte a una domanda seria: senza il libero arbitrio, dov'è la sede della responsabilità, della volontà autonoma? Come, allora, offrire al paziente una liberazione, quando il passato che determina interamente il suo comportamento non può essere cambiato?

Il problema del libero arbitrio può sorgere anche come questione morale. Assumere che gli uomini non siano liberi di volere porta a una visione alienante e senza speranza dell'umanità perché implica che stiamo tutti recitando una grande commedia della libertà. Inoltre, molto logicamente, senza una vera libertà, non si può invocare alcuna responsabilità. Tuttavia, solo una decisione morale implica responsabilità, quindi il libero arbitrio rende il mondo abitabile. In effetti, questa decisione di responsabilità viene presa dalla quasi maggioranza degli esseri umani, se non altro per convenienza, ma mentre alcuni di loro continuano a negare il libero arbitrio che l'accompagna.

Tuttavia, se possiamo ammettere che siamo in gran parte determinati da chi siamo, possiamo vedere che la nostra libertà, sebbene non assoluta, non è zero. La nozione di libero arbitrio si oppone a tutti i determinismi del secolo scorso, e in primo luogo al comportamentismo e alla psicoanalisi originaria.

A) Nascita della filosofia e della psicologia della libertà e della responsabilità.

La psicologia materialista all'inizio del XX secolo Ha mostrato rapidamente i suoi limiti ai pazienti di fronte al disagio, al sentimento dell'assurdo, al vuoto della loro esistenza, alla negazione della loro spiritualità, della loro umanità. Era necessario fare appello a concetti di filosofia, per comprendere meglio queste nuove nevrosi, questo malessere, queste patologie psichiche che ne derivavano. I terapeuti dovevano invocare nozioni che richiedono la preesistenza di una coscienza, anche uno spirito, per manifestarsi: libero arbitrio, responsabilità, autorealizzazione o attualizzazione, significato della vita.

Tuttavia, non c'è ancora consenso su questa visione della libertà umana. Un'importante corrente intellettuale, costituita da scienziati e filosofi materialisti, nega la libertà dell'uomo, invocando l'evidenza del determinismo psichico e biologico. È vero che sono rafforzate dallo psicologismo, per il quale l'uomo è un semplice prodotto biologico animato da motivazioni e affetti inconsci, e che oggi riceve il sostegno delle neuroscienze. In effetti, questa visione si sta diffondendo, persino dominando, nelle scienze umane. Queste correnti di pensiero, presenti in psicologia, filosofia e neuroscienze, vogliono eliminare i concetti di coscienza, intenzionalità, spirito, in una visione dove il cervello sarebbe la causa di tutta la psiche.

C'è, tuttavia, un paradosso nella maggior parte di questi sostenitori del determinismo che il più delle volte riconoscono l'evidenza della responsabilità nei fatti, per gli individui a cui negano la libertà in linea di principio. Pochissimi perdonano i crimini di cui possono essere vittime, cosa che però dovrebbero fare in nome del determinismo degli autori. Loro, come tutti noi, esprimono giudizi morali sugli altri, quando logicamente dovrebbero considerarli come individui condizionati. Il più delle volte esibiscono la loro morale, la loro etica, le loro virtù, come risultato di meriti personali. Tuttavia, allora dovrebbe essere solo il risultato della storia genetica e ambientale e delle disposizioni fisiche, mentali e cerebrali che ne derivano.

Fondamentalmente, per essere responsabile, devi essere libero. Perché negare questa libertà e accettare la nozione di responsabilità, che è condizionata dalla libertà? Molti trovano difficile rinunciare all'ideologia del materialismo deterministico, cioè dell'attribuzione della libertà a un essere puramente materiale, totalmente soggetto ai vincoli della materia e dei condizionamenti. Perché per introdurre la libertà bisognerebbe introdurre un'autorità immateriale, quindi spirituale, mentre quelle stesse persone hanno affermato a priori che questa autorità non potrebbe esistere.

Di fronte a questa posizione, il filosofo Jean-Paul Sartre e lo psichiatra Viktor Frankl, entrambi ricchi delle loro convinzioni esistenziali, e anche in opposizione su altri temi, condividevano un punto comune: l'affermazione del carattere radicale della libertà, e la critica psicologismo, che invoca costantemente il peso del determinismo. La visione della libertà di Sartre è, in effetti, categorica: **"Non solo siamo liberi, ma siamo condannati a esserlo".** E poiché siamo liberi, siamo responsabili delle nostre vite, non solo delle nostre azioni, ma anche delle nostre inazioni.

Heidegger e Sartre avevano studiato a lungo il senso di responsabilità degli esseri umani. La responsabilità è indissolubilmente legata alla libertà. Il concetto di responsabilità ha senso solo se il soggetto è libero di costituire il mondo in un modo tra tanti altri. Siamo responsabili di ciò che facciamo e di ciò che scegliamo di ignorare. Sartre, inoltre, non si situa sul piano della moralità. Non dice che dovremmo fare qualcos'altro, semplicemente che ciò che facciamo o non facciamo è nostra responsabilità.

Tuttavia, si è tentati di rifuggire da questa responsabilità. Secondo Heidegger e Sartre, cerchiamo di costruire la negazione: "costituiamo il mondo in modo che ci appaia indipendente dal nostro atto costitutivo". Quando ci lasciamo ingannare da questi sotterfugi che ci permettono di sfuggire alla nostra libertà, viviamo in malafede per Sartre, o in modo inautentico per Heidegger.

L'ambizione di Sartre era quella di liberarci dalla malafede, aiutandoci ad assumerci le nostre responsabilità. Era anche il progetto di Frankl per ispirarci a impegnarci pienamente per la realizzazione delle nostre vite. Le riflessioni esistenziali concordano sul dovere di mettersi in gioco nella vita, attraverso attività che sembrano giuste e buone.

Con Sartre e Frankl, la corrente esistenziale era ben lungi dal vedere la morte del soggetto. Lo psicologo americano Rollo May, invece, definì l'esistenzialismo come il tentativo di comprendere l'uomo superando la divisione tra soggetto e oggetto che, secondo lui, aveva avvelenato il pensiero e la scienza occidentali fin dal Rinascimento. Questa teoria esistenziale metteva in discussione la tradizionale visione cartesiana considerando che la persona non è un soggetto che percepisce una realtà esterna, ma è una coscienza dotata di libertà e che partecipa alla costruzione della realtà.

Le nuove psicoterapie ora concordano, per la maggior parte, sull'importanza della responsabilità personale. E non è un caso; le terapie riflettono le patologie che intendono trattare. Frankl condivideva questa visione secondo cui ogni fondatore di una teoria psicoterapeutica descrive, in effetti, la propria nevrosi, la propria storia e la società in cui vive. Pensava che Freud, Adler e lui stesso ne fossero esempi.

La Vienna del primo Novecento, dove si sviluppò la psicologia freudiana, era intrisa di cultura vittoriana. Gli impulsi, specialmente quelli sessuali, dovevano essere repressi. Le regole sociali erano molto restrittive. Freud capì che una così forte repressione degli istinti naturali non poteva che essere dannosa per la psiche. L'energia della libido, quella ricerca istintiva del piacere, che non si lasciava esprimere liberamente, veniva dissipata da modalità espressive indirette. E questi erano infatti tutti i sintomi della nevrosi in quel momento.

Oggi molti desideri istintivi possono essere espressi liberamente e l'indulgenza sessuale inizia presto nell'adolescenza. Diverse generazioni hanno già sperimentato questo regime di permissività. Limiti tradizionali o strutturali di ogni tipo sono stati eliminati. Di conseguenza, le patologie psichiche si sono trasformate. Il paziente di oggi lotta più con il sentimento di libertà che con la repressione degli impulsi. Questo paziente, che non è più spinto dall'interno né sollecitato dall'esterno, si trova ora di fronte al difficile problema della scelta personale, di ciò che vuole veramente fare.

La nostra natura profonda rimane la stessa, ma ora ci troviamo di fronte a questa questione fondamentale di libertà/responsabilità che le istituzioni sociali, religiose e psicologiche ci hanno a lungo nascosto. Non siamo preparati ad affrontare questa sfida e stiamo cercando come affrontare la nostra angoscia. Sia individualmente che socialmente, cerchiamo di sfuggire alla nostra libertà, evitando la consapevolezza della nostra responsabilità. Quindi attuiamo strategie di delega o negazione di questa responsabilità, evitamento di comportamenti autonomi, negazione del processo decisionale, che costituiscono una forma di patologia.

Frankl ha trasposto i contributi della filosofia dell'esistenza alla medicina. L'analisi esistenziale considera la responsabilità come l'essenza stessa dell'esistenza umana. E ora sappiamo che siamo responsabili di ciò che siamo, molto più di quanto pensassimo. Non possiamo sopprimere i nostri istinti primordiali, fame, sete, sonno, desiderio sessuale, paura... ma possiamo controllarli. I nostri sentimenti, emozioni, inconsci o consci, sono il prodotto del nostro passato, ma possiamo analizzarli e in gran parte modularli.

Le nostre riflessioni, opinioni, ragionamenti sono per definizione il risultato dell'esercizio della nostra volontà. Non creiamo la nostra vita una volta per tutte, creiamo costantemente noi stessi. Esercitiamo continuamente la nostra responsabilità. Pertanto, assumersi la nostra responsabilità per il passato e il presente implica la responsabilità per il nostro futuro. "Sono l'unico che può cambiare il mondo che ho creato." Allora ci rendiamo conto fino a che punto l'assunzione della nostra responsabilità sia l'espressione di un desiderio di essere liberi. Ma questo libero arbitrio non può essere un prodotto del cervello, quindi del mondo materiale, che è del tutto deterministico. Può essere generato solo da qualcosa di non materiale, lo spirito o la coscienza.

Lo psicologo americano Abraham Maslow ha avuto un'enorme influenza sulla psicologia moderna. È considerato il precursore della psicologia umanistica, che si interseca in molti punti con la psicologia esistenziale. L'autorealizzazione gioca un ruolo centrale nella concezione di Maslow. Questa autorealizzazione si traduce nella soddisfazione di bisogni cognitivi, come conoscenza, saggezza, congruenza, ed estetici, come integrazione, bellezza, creatività, armonia. Per Maslow l'essere umano è spinto verso valori positivi, serenità, coraggio, amore, altruismo. Gli individui realizzati o attualizzati si dedicano a obiettivi che trascendono il sé: temi globali come la lotta alla povertà o al fanatismo, o per l'ecologia, o altri più specifici come la crescita dei propri cari.

Le opinioni di Frankl sulla motivazione umana sono vicine alla psicologia umanistica di Maslow, ma sviluppate in un contesto diverso. L'analisi esistenziale è stata creata da uno psichiatra europeo e sopravvissuto all'Olocausto. Yalom sottolinea quanto la filosofia esistenziale sia il risultato di riflessioni europee, confrontate con nichilismo, tragedie, conflitti, sofferenze. La filosofia umanista è, dal canto suo, in gran parte una produzione nordamericana, certamente in reazione ai determinismi e ai limiti della psicoanalisi e delle teorie comportamentali, ma di carattere più positivo e aperto. C'è un tragico ottimismo contro l'ottimismo del cielo blu.

B) Un'analisi esistenziale arricchita da riflessioni contemporanee

Le riflessioni di Frankl possono e devono essere illuminate dal lavoro che è stato fatto dopo di lui, sia dai suoi discepoli che dagli psicologi umanistici o esistenziali, o dalle neuroscienze.

Negli ultimi decenni, la ricerca si è concentrata e ha confermato il nostro bisogno di significato. Mostrano come cerchiamo spontaneamente di spiegare tutti i nostri sentimenti in un diagramma logico. Integriamo i nostri comportamenti, le nostre sensazioni, in un quadro di riferimento che ci sembra comprensibile. Quando non ci riusciamo, siamo sconvolti, infelici. Questa irritazione rimane finché non riusciamo a integrarli in una comprensione più ampia.

Il neuroscienziato americano Michael Gazzaniga ha dimostrato sperimentalmente l'urgenza dell'uomo di dare un senso alle sue azioni. Questo esperimento è stato condotto su pazienti epilettici che in precedenza avevano i due emisferi del cervello separati. I medici avevano reciso il corpo calloso che li unisce, per sopprimere le loro crisi più violente. Poiché l'area del linguaggio si trova nell'emisfero sinistro, il paziente può spiegare solo attraverso il linguaggio ciò che percepisce l'emisfero sinistro. Quando gli viene chiesto di esprimere ciò che il suo cervello destro vede attraverso l'occhio sinistro, sa come designarlo nelle fotografie, ma non esprimerlo verbalmente. Pertanto, la risposta orale a volte è inappropriata perché è irrilevante rispetto a ciò che indichi nella foto. Quando gli viene chiesto il motivo di questa risposta, sottolineandone la stranezza, il paziente inventa a tutti i costi una ragione sensata per la sua risposta. **Questa esperienza conferma che la questione del senso è così importante per**

l'uomo che quando non conosce il senso di un proprio atto, subito se ne inventa uno e ci crede.

Va notato che in questi pazienti con cervello operato non c'è alterazione della coscienza. L'integrità della coscienza in un cervello i cui emisferi sono separati è un ulteriore argomento a favore di una coscienza non assimilabile al cervello.

Di fronte a situazioni esistenziali, reagiamo allo stesso modo. Se ci sembra di vivere in un mondo indifferente o assurdo, allora generalmente proviamo un sentimento di disagio, di insoddisfazione, che non sempre riusciamo a identificare chiaramente. Cerchiamo allora spiegazioni che diano coerenza e significato alla nostra esistenza. Ovviamente, abbiamo bisogno di significato e se non lo troviamo, proviamo, oltre il fastidio e l'insoddisfazione, vulnerabilità. Vedere il significato ci solleva dall'ansia, ci dà un senso di padronanza e conforto.

Ma se l'individuo crede di vivere in un cosmo folle, in un mondo assurdo, senza significato né scopo, è più difficile per lui nutrire la sua vita di significato, poiché deve crearla da zero, dal nulla. **Cerchiamo uno scopo, ma sentire che lo scopo non ci soddisfa se pensiamo di esserne i creatori.**

Il professore israeliano Yuval Noah Harari descrive l'homo sapiens come un individuo a cui piacciono le storie, e in particolare quelle in cui può inserirsi, siano esse le sue o quelle dell'Universo. Cercare il senso della vita significa volersi inserire in una storia che ci spieghi qual è la nostra realtà e qual è il nostro ruolo nella storia cosmica. Questo ruolo ci rende parte di qualcosa di più grande di noi stessi, dando senso alle nostre esperienze e decisioni. È così che cerchiamo il significato inserendoci in una storia sull'Universo.

E questa storia non è solo un riferimento alla nostra storia. Se dobbiamo trovare coerenza nel passato, non viviamo solo nel passato. È vero che una certa psicologia, e non meno importante, sostiene che per spiegare il presente è necessario cercare le sue origini nel passato, che le fonti e le cause del comportamento devono essere trovate nelle circostanze precedenti della vita della persona. L'analisi esistenziale di Frankl afferma, al contrario, che il passato non spiega tutto, che pensiamo, sentiamo e anche agiamo per raggiungere uno scopo, un progetto, un futuro liberamente concepito.

In ognuno di noi, a livello conscio e inconscio, c'è il senso della finalità, degli obiettivi verso cui tendiamo, la consapevolezza di un destino, di una morte inevitabile, che ci porta a disegnare intenzioni e comportamenti per il futuro. Pertanto, non dobbiamo risolverci a vivere un futuro già pienamente inscritto nel passato, ma piuttosto essere consapevoli di poter realizzare ciò a cui aspiriamo, anche se non sempre lo si acquisisce al raggiungimento della sua piena realizzazione.

L'analisi esistenziale sottolinea che è la dimensione dello spirito di cui ogni essere umano è dotato che ci permette ciò che Jung e Maslow hanno chiamato in altro luogo, l'attualizzazione o la realizzazione di sé stessi. E si scopre che la scienza attuale non rifiuta più categoricamente questa ipotesi di uno spirito, considerato non più come un dono concesso da un dio personale agli uomini, ma come un'emersione dall'Universo e dalla vita. Un uomo dotato di spirito costituisce il grado più avanzato, nel mondo a noi accessibile, di una manifestazione di vita il cui programma deriva da leggi che vengono da altrove. **L'imperiosa esigenza di senso di un uomo dotato di coscienza, libertà e responsabilità, teso ai valori e alla trascendenza, non scaturisce più dalla volontà di un Dio personale ma da leggi universali che ci governano tutti.**

E infatti, molti scienziati oggi considerano la dimensione trascendente della mente una necessità. L'uomo non può essere ridotto alla sua dimensione biologica. È anche un soggetto in cerca di senso e di libertà interiore, dotato della capacità di pensare, determinare e valutare sé stesso. Questa capacità, chiamata coscienza, è una manifestazione della mente che sembra essere ospitata nel cervello, ma separata da esso. Poiché le sue caratteristiche non possono essere applicate alla materia, la coscienza non può essere considerata come prodotta dalla materia-energia o dal cervello. **Il cervello è materiale e condizionato, mentre lo spirito è immateriale e libero.** Questa contraddizione non è mai stata risolta fino ad ora e, quindi, lo stato di coscienza rimane indeterminato.

La nozione di coscienza ha diversi gradi. Il primo è definito in opposizione all'inconscio. Ma l'inconscio rappresenta, da un lato, processi che si attuano in noi, senza che noi lo decidiamo e identifichiamo esplicitamente, e dall'altro, quel luogo dove risiedono i ricordi emotivi, ai quali non possiamo accedere perché implicitamente immagazzinati. Gran parte di ciò che facciamo è inconscio. Ciò non significa che lo facciamo senza motivo. Durante la nostra vita, attraverso le nostre esperienze, sviluppiamo una personalità che gestisce la maggior parte delle nostre interazioni quotidiane con il mondo. Siamo noi che abbiamo sviluppato questo inconscio. Dobbiamo conoscerlo meglio che possiamo. Il famoso psicanalista austriaco Otto Rank, già discepolo di Freud prima di essere espulso dal movimento, scrisse: "È stupefacente vedere quanto il paziente sappia e quanto relativamente poco non sappia, se non gli viene fornita questa comoda scusa per negare la sua responsabilità ".

Al di là dello svelamento dell'inconscio e dell'esercizio del libero arbitrio, che consente il dominio di quell'inconscio, la coscienza manifesta un bisogno di significato, che sembra specificamente umano. Ma poi di nuovo, cos'è la coscienza? Infatti, il lavoro del neurologo Libet ci dice che la coscienza primaria non permette di prendere decisioni libere, ma piuttosto di annullare decisioni già prese dal cervello. È solo sospensivo. Si deve dedurre che solo essendo connessi alla nostra coscienza superiore possiamo pensare liberamente e prendere consapevolmente decisioni reali. Il resto del tempo, a causa della mancanza di lavoro sufficiente su noi stessi, siamo solo in grado di dire di no.

Questa coscienza superiore è all'origine di questo bisogno di senso perché è l'espressione della dimensione dello spirito quando la psiche è il luogo dell'intelligenza pratica. È anche il luogo della coscienza morale, del giudizio di valore, quando la psiche è in realtà l'istanza di pretese e di tabù. Percepiamo allora quanta coscienza racchiude, al di là del conscio.

Jung riteneva che la psicoterapia non potesse avere come unico scopo la cura delle patologie, ma dovesse elevare il livello psichico e spirituale dell'individuo. Ho pensato che dopo una prima parte della nostra vita dedicata alla produzione e alla riproduzione, dovremmo dedicare la seconda parte alla realizzazione di noi stessi. Per realizzare pienamente la nostra esistenza, prima di morire, dobbiamo elevare il nostro livello di coscienza. La morte, quindi, non è una fine, è una meta che dobbiamo raggiungere il più pienamente possibile.

L'idea che ogni essere umano abbia un potenziale unico da realizzare è molto antica. Aristotele ne ha già parlato. Quasi tutti i teorici o terapeuti umanistici o esistenziali contemporanei vi fanno riferimento. Il soggetto che non vive pienamente può provare un sentimento profondo e potente che può essere descritto come colpa esistenziale.

Il vuoto esistenziale, o la sua forma attenuata, la frustrazione esistenziale, prodotto di un'esistenza insufficientemente dotata, non è una malattia. Le frustrazioni e le crisi esistenziali sono espressione di sincerità, lucidità e possono essere benefiche. Sono l'espressione di una vita bisognosa di coerenza.

Molti dei comportamenti attuali derivano da manifestazioni del vuoto esistenziale, già citate a suo tempo da Frankl:
- Lamentele sul vuoto, sull'assurdo;
- Mancanza di progetti, iniziative; disturbi motivazionali;
- Aggressività delle persone arrabbiate, sempre sul punto di esplodere;
- Noia, stanchezza, indifferenza, disinteresse, apatia;
- Dipendenza da alcol, droghe o depressione.
- Costante ricerca del piacere sessuale e desiderio di potere;
- Fuggire da sé stessi attraverso l'iperattività professionale o ricreativa per non affrontare il vuoto che ci abita.
- Stanco di essere te stesso...

Sappiamo essere oggetto di pulsioni profondamente radicate. Il ruolo della civiltà è, come minimo, quello di promuovere impulsi positivi, come l'aiuto reciproco o il rispetto per gli altri, e di frenare gli impulsi negativi, come l'invidia o l'aggressività. Ma deve fare di più e portare l'essere umano a dominare i propri istinti, le proprie pulsioni, le proprie emozioni, prendendo coscienza della superiorità di una specifica dimensione, quella della mente. Frankl aderisce così tanto a questa visione da mettere l'analisi esistenziale al servizio dell'elevazione della coscienza dell'Uomo e dell'umanità.

C) L'analisi esistenziale eleva l'individuo a persona

Evidenziamo il divario che può esistere tra un individuo che si accontenta di vivere e una persona che esercita la sua volontà di esistere. L'esistenza dell'uomo si situa nell'opposizione tra la sua natura e il suo spirito, quello che Frankl chiama antagonismo psiconoetico, tra la psiche che è materia e lo spirito che non è. È la mente che slega l'uomo dal fisiologico e gli permette di rispondere al bisogno di senso. I nostri istinti, le nostre emozioni primordiali, hanno una forza travolgente che può renderci schiavi. Dobbiamo usare la nostra coscienza per padroneggiarli, per incanalarli in modo da poter continuare a sentire questa energia senza lasciarla esprimere selvaggiamente. Seguire i propri istinti senza controllo è abdicare alla propria responsabilità e alla propria libertà. **Lo spirito conduce all'apertura al mondo, quando la psiche favorisce la conservazione degli interessi dell'ego.**

È questa dimensione dello spirito che rende l'essere umano capace di emanciparsi dai determinismi che gravano su di lui. Jung aveva descritto il processo di individuazione, di autorealizzazione, come un viaggio spirituale. L'individuazione non è l'individualismo, che induce un atteggiamento di affermazione e di preferenza personale. Al contrario, si tratta di includere l'altro e l'Universo. È un processo di crescita psichica che si impone in modo del tutto naturale all'individuo. Nasce da un profondo bisogno di significato o da un cambiamento di significato, come conseguenza della sofferenza. Questo molto spesso corrisponde alla crisi esistenziale di mezza età.

In una società che incoraggia l'uomo soprattutto ad essere felice, Frankl sottolinea che è difficile per l'uomo essere felice lui stesso. Ciò che è realizzabile è avere un motivo per essere felici. Non appena avremo un motivo per essere felici, molto probabilmente la felicità arriverà. E questa ragione non è né il sentimento del potere né il piacere, ma il sentimento del significato. Frankl distingue gli impulsi, ad esempio sessuali o aggressivi, che spingono l'individuo dall'interno, anche dal basso, contro la nozione di senso che spinge l'individuo dall'esterno, dall'alto. Si oppone alla psicologia del profondo, a questa psicologia dell'alto a cui l'uomo, al di là dei suoi impulsi, aspira a cercare il senso della vita, e ad inserirvi il senso della propria.

Frankl differenzia così pulsioni e aspirazioni. In fondo a ciò che siamo, a ciò che ci differenzia dall'animale, non siamo spinti da istinti, ma al contrario attratti da una meta. Questa aspirazione implica non solo che siamo diretti verso qualcosa al di fuori di noi stessi, ma anche che siamo liberi di accettare o rifiutare la meta che ci chiama. L'aspirazione è orientata al futuro: siamo attratti da ciò che deve accadere, piuttosto che spinti dalle forze del passato e del presente. In una dinamica esistenziale, ognuno sperimenta la tensione tra la propria situazione attuale e il proprio obiettivo.

Frankl scriveva nel 1983: "il contributo dell'analisi esistenziale consiste nel considerare l'uomo fondamentalmente come un essere in continua ricerca di senso. Tuttavia, questa ricerca di significato si sta rivelando sempre più vana nelle condizioni della società odierna... Nessuno è al sicuro dall'affrontare l'inevitabile sofferenza, l'inesorabile colpa e, infine, l'inevitabile morte. Nonostante questo o forse questo, si tratta di dare un senso, e trasformare la sofferenza in appagamento, la colpa invece, la morte in stimolo ad un'azione responsabile...".

L'analisi esistenziale è l'unica, in ambito psicologico, che presenta l'esistenza come espressione dello spirito, e che postula che "l'essere umano" è soprattutto "esistente". L'uomo esiste dedicandosi a progetti che lo trascendono, sia che si tratti di impegnarsi contro la povertà e il settarismo, o per l'ecologia, sia che aiuti la crescita di chi gli è vicino. Esiste nell'azione del fare o del creare, in ciò che ha senso quando si sperimenta qualcosa, si ama qualcuno o si agisce per gli altri.

Esiste anche in atteggiamenti che, di fronte a situazioni dolorose o disperate, sono esemplari di dignità. Bisogna sentirsi chiamati a fare qualcosa, un atto di altruismo o dedizione a una causa, creazione artistica o scientifica, autorealizzazione attraverso la realizzazione di un potenziale innato, auto trascendenza, volgersi verso qualcosa o qualcuno al di fuori o al di sopra di sé stessi ...

Queste attività, che consistono nel rendere il mondo più vivibile, nel mettersi al servizio degli altri, permettono a tante persone di trovare un senso alla propria vita e, quindi, anche alla propria morte. La prospettiva della morte appare meno preoccupante quando l'individuo ha la sensazione di aver vissuto bene.

È l'introspezione che ci permette di diventare padroni della nostra vita, imparare ad accettare gli altri, sviluppare l'empatia, vivere in solidarietà con gli altri. La persona con cui dobbiamo comunicare di più siamo noi stessi. Dobbiamo percepire che, conoscendo noi stessi, espandiamo il conscio: aiutiamo quelle cose prima inconsce a diventare coscienti. Il processo di analisi esistenziale è quello di illuminare l'accessibilità inconscia alla coscienza, in modo che possa essere gestita razionalmente, con maturità. Meno siamo maturi, più siamo regolati da cose inconsce. Un essere immaturo è essenzialmente guidato da cose che non comprende.

Se l'introspezione è essenziale per qualsiasi comprensione di sé stessi, non si tratta di crogiolarsi in questa iperriflessione su sé stessi che estingue ogni possibilità di azione. Si tratta di individuare i propri difetti, le proprie insufficienze, egoismo, vigliaccheria, indifferenza, schiavitù ai beni materiali, ecc. Dobbiamo riportare alla coscienza questi aspetti oscuri della nostra personalità, per correggerli. È questo discernimento che ci permette di individuare le vere motivazioni, quelle che vengono dall'affettività o dal desiderio, per conservare quelle buone e rifiutare quelle cattive. Questo esercizio di discernimento è un passo essenziale nel processo di individuazione.

La psicoanalista Cynthia Fleury individua nella perdita del discernimento il primo sintomo delle patologie narcisistiche e dei disturbi psicotici. Ma discernere richiede tempo, lucidità, coraggio. In effetti, questo requisito è difficile da stabilire e mantenere in un mondo inondato di informazioni, troppo spesso false, con commenti semplicistici, provocatori, volgari portati dai social network. Questo discernimento è ciò che l'analisi esistenziale chiama auto-allontanamento e auto-trascendenza. Occorre una notevole dimostrazione di forza morale, di energia, per fare appello a questa coscienza morale.

Da dove viene questa coscienza morale che Kant paragonava alla "coscienza di una corte di giustizia interna all'uomo"? Secondo il filosofo americano Richard Boyd, professore di Harvard, i valori morali non possono essere solo creazioni del cervello umano, ma devono anche emanare da qualcos'altro, presente nell'Universo, preesistente alla vita umana. L'idea di un principio di piacere che sarebbe all'origine della nostra moralità e, con essa, del nostro comportamento in società, può essere ragionevolmente abbandonata.

Per Frankl, "la conoscenza o coscienza è la capacità intuitiva di rilevare un significato unico e particolare che si nasconde in ogni situazione. La coscienza è un senso. Ma la coscienza non è infallibile e può sbagliare nell'interpretazione del significato, nell'individuazione del valore morale da attuare. E poiché ascoltare la voce della propria coscienza comporta il rischio di sbagliare, un'esistenza autentica, dotata di senso, implica saper accettare gli errori, con tolleranza e umiltà.

Frankl sosteneva l'auto trascendenza, la capacità di andare oltre sé stessi, per il più alto grado di sviluppo in un'esistenza

umana. Nessuna scuola di psicologia pensava, prima di Frankl, che ciò che conta essenzialmente per l'uomo potesse essere al di fuori di lui. La psicologia del profondo, la terapia comportamentale, persino la psicologia umanistica, fanno dell'uomo una rappresentazione egocentrica e non rendono conto di un essere essenzialmente focalizzato su qualcosa al di là di sé stesso. L'esistenza è possibile solo attraverso la trascendenza. Senza trascendenza non c'è libertà. È, come abbiamo visto, una prospettiva opposta a quella di Sartre, per il quale la libertà umana non esiste, se si fa riferimento allo spirito.

D) Analisi esistenziale e umanizzazione della società.

Al di là della persona, che dire della società? Lo psicologo canadese Steven Pinker ha deciso di mostrare come la civiltà, durante il suo sviluppo, abbia ridotto globalmente la sofferenza e aumentato la coscienza. Ora, se la sofferenza fisiologica continua a diminuire, sarà lo stesso per la sofferenza mentale e l'aumento della coscienza continua ad essere un progetto di civiltà? La rapida crescita del consumo di stupefacenti, antidepressivi e altri prodotti simili esprime uno sviluppo di disagio psicologico nella nostra società. Le fratture sociali, le manifestazioni di violenza, i problemi di maleducazione, l'insicurezza, il cui aggravamento è sempre meno discusso e descritto qua e là come ferocia della società, non testimoniano un innalzamento del livello della nostra coscienza collettiva.

In effetti, l'accesso alla felicità per la maggior parte sembra essere in declino, sebbene negli ultimi decenni sia stata imposta una sorta di tirannia della felicità. La vita deve essere assolutamente felice, piena di piaceri e soddisfazioni. Questo mandato sociale e morale è ovunque, ma possiamo vedere gli effetti perversi di questo discorso. Mettere la felicità al centro della propria vita sembra rafforzare il narcisismo. E questa ricerca narcisistica della felicità deriva da una visione individualistica della società. Quando il singolo sente che il suo interesse è diverso e più importante di quello del gruppo, fiorisce l'individualismo frenetico che caratterizza il nostro tempo. Non accettiamo più l'insufficienza della felicità che poi provoca insoddisfazione, risentimento e rabbia, e diamo la colpa agli altri.

Questa convinzione di irresponsabilità personale per trasferimento alla responsabilità di altri è una delle espressioni di quel grande movimento sentimentale che struttura la società odierna, secondo la filosofa Cynthia Fleury. "Gli individui alternano infantilmente aggressività e denigrazione. La loro posizione di vittime ricorda quelle note patologie psichiche dei pazienti che ingegnosamente producono l'assenza di soluzione. Tutto ciò che viene proposto è già stato provato e dimostrato inefficace; tutto ciò che non è stato testato viene svalutato. La sua arroganza è immensa, indubbiamente l'unico baluardo difensivo contro l'invasione definitiva della bassa autostima.

Mostra come certe ideologie politiche creino e mantengano un risentimento alienante. Gli autori e i portatori di queste ideologie la vivono e la gustano. Inducono, per insignificanza o per calcolo, una visione falsa e deterministica del mondo che condanna le vittime a continuare ad esserlo. Il filosofo francese Deleuze ha già mostrato come l'uomo o la donna del risentimento passi dall'incapacità di ammirare all'incapacità di rispettare qualsiasi cosa.

La frustrazione e il risentimento crescono alla convinzione del "diritto a". Abbiamo già sottolineato che la democrazia genera intrinsecamente risentimento perché la nozione di uguaglianza è una questione così fondamentale. Ma Cynthia Fleury sottolinea che gli uomini possono comportarsi diversamente di fronte al loro risentimento. Possono provare amarezza per questo, senza trasformarlo in uno stato di vittima. **Le società, come gli individui, decidono se lasciarsi dominare o meno dai loro impulsi e dal loro delirante vittimismo.**

Oggi le ideologie, l'individualismo, l'insufficiente educazione, creano e mantengono il risentimento, causa di alienazione per l'individuo e incivilimento per la società. L'appello alla ragione sembra inefficace, poiché questo risentimento fa appello agli istinti di esistere attraverso la vittimizzazione e l'aggressività e l'amaro piacere dell'irresponsabilità. Già Adler sottolineava che uno degli effetti della modernità è che il fatto di nascondere le proprie ferite, quindi, la vulnerabilità che fino ad allora aveva prevalso è diventata l'esibizione delle proprie ferite, anche a costo di inventarle o esagerarle, come vantaggioso fattore, mediante manipolazione o vittimizzazione.

Frankl ha sottolineato come l'individuo malato ruoti intorno a sé stesso, fugga la responsabilità, deleghi le decisioni ad altri, poi trasferisca l'insoddisfazione della sua vita sofferta sulla responsabilità di altri. Il risentimento e la vittimizzazione, associati a una domanda aggressiva di libertà, sono vicini a una forma di nevrosi, che Frankl definiva noogenica, perché legata a un bisogno di significato insoddisfatto. La difficoltà di dare senso all'esistenza costituisce l'insoddisfazione umana fondamentale. Questa nevrosi caratterizza la nostra società attuale.

I diffusi fenomeni di depressione, iperattività, aggressività e dipendenza sono il prodotto del vuoto esistenziale. Per liberarsi da questa nevrosi noogenica e mantenere una buona salute mentale, l'uomo ha bisogno di una tensione specifica verso un significato. Il problema della medicina moderna è che si rivolge a una delle due dimensioni, quella fisica o quella psichica, mentre in molti casi sarebbe necessario rivolgersi alla persona nel suo insieme, compresa la sua terza dimensione, quella dello spirito. L'analisi esistenziale permette di limitare l'eccessiva medicalizzazione dei problemi dell'esistenza. Prendersi cura di un tossicodipendente, di un alcolizzato o di un depresso richiede di trattare tutte e tre le dimensioni, unendo le risorse del farmaco e quelle della motivazione mentale.

Abbiamo visto che la psicoanalisi ci aveva rivelato la volontà di piacere, proprio come aveva fatto la psicologia individuale. Ci ha familiarizzato con la voglia di mettersi in mostra. Poi Frankl ci ha rappresentato la volontà di significato come ancora più importante per l'uomo. Inoltre, specifica che queste motivazioni umane seguono solitamente una sequenza: il principio del piacere costituisce il principio guida del bambino; la volontà di potenza dell'adolescente e del giovane adulto; infine, il desiderio di significato, quello dell'adulto maturo.

Percepiamo come molti dei mali della nostra società derivino dall'insufficiente maturità di adulti ancora alla ricerca del piacere e del potere. Come promuovere e accentuare questo accesso alla maturità? Come mobilitare il maggior numero di energie per metterle al servizio dei valori morali e noetici? L'istruzione, nel senso più ampio del termine, è la chiave del progresso. Qualsiasi progetto educativo a lungo termine deve enfatizzare i comportamenti etici e civici, incoraggiare i valori morali tradizionali, l'onestà, la benevolenza, l'empatia, la compassione, la gratitudine, la modestia.

La pedagogia ispirata all'analisi esistenziale abbraccia questo progetto, insistendo maggiormente sulla via per realizzarlo, attraverso il controllo delle pulsioni, l'empowerment, l'attenzione, il ruolo della coscienza e dello spirito. Deve essere preso sia dagli insegnanti che dai genitori. Abbiamo tutti bisogno di capire come i bambini siano esseri di piacere e gli adolescenti esseri di prestigio. Diventeranno veramente adulti solo padroneggiando i propri impulsi e le proprie emozioni, lasciandosi attrarre da una dimensione dello spirito che assicura libertà e responsabilità. Accederanno alla felicità esistendo e non attraverso la soddisfazione degli impulsi.

Metodi e comportamenti pedagogici devono essere pensati a partire da questo obiettivo. Pertanto, sarebbe indubbiamente rilevante fare appello di più, nelle istituzioni dedite all'educazione, al principio di responsabilità che ai principi del piacere o del riconoscimento come strumento motivazionale. Più che mai, l'educazione deve essere un'educazione alla responsabilità. Ed essere responsabili significa saper resistere agli stimoli incessanti che ci invadono e scegliere tra loro.

L'insegnamento dovrebbe essere dedicato non solo a impartire conoscenza, ma anche ad affinare l'autocoscienza, l'attenzione, la concentrazione e ad affinare la consapevolezza morale. Chi non conosce i valori, non sa quanto vale. Una persona che sminuisce tutto, che non riconosce valori negli altri, molto probabilmente è qualcuno che non ha trovato il proprio valore e manca di autostima. L'educazione deve promuovere un orientamento al valore così come la realizzazione di più valori, per evitare il vuoto che risulta dalla scomparsa di un singolo valore. L'obiettivo non è eccellere in ciascuno dei tuoi valori, ma provare gioia nel tuo esercizio.

Inoltre, l'educazione è così cruciale che non può essere delegata esclusivamente agli educatori professionali. Tutti gli adulti hanno una responsabilità in questo ambito, e in primis i genitori.

Il principale problema attuale per i genitori è che vogliono vedere i propri figli il più felici possibile. Quale genitore non prova spontaneamente questa sensazione? Ma dare ai bambini la capacità di trovare un significato nelle loro vite non è cercare di renderli felici per renderli felici. È portarli alla capacità di costruire progetti gratificanti che fanno parte del futuro, e non attraverso una vita di piaceri nel presente. Volere a tutti i costi la felicità dei propri figli nel presente, senza nuvole, senza disagi, senza frustrazioni, non li aiuterà a trovare un senso alle loro vite nel futuro, e quindi influenzerà la loro capacità di accedere alla felicità che seguirebbero Inoltre, educare i figli alla ricerca del senso dà senso alla vita dei genitori.

Ogni adulto è chiamato a svolgere questa funzione primaria di risveglio della coscienza. Si tratta di promuovere nel bambino la consapevolezza di sé e dei suoi rapporti con gli altri, per accrescere la sua conoscenza, per portarlo ad aiutare gli altri e non ad aumentare la miseria del mondo. Questo è ciò che già l'antica sapienza definiva l'ambizione di un'educazione.

Al di là dell'educazione, i modelli economici e politici in cui viviamo risentono evidentemente di una nuova visione dell'uomo che tenga debito conto del bisogno di senso, di moralità, dello spirito, a fronte di sorgenti tradizionali abusate, di appagamento di istinti, emozioni e interessi. Non si tratta di rinunciare a tutti i componenti dei modelli attuali, alcuni dei quali hanno dimostrato e continuano a dimostrare il loro valore. Il disagio, sia per l'uomo che per la natura, si manifesta nella mancanza di ispirazione morale che presiede alla sua realizzazione, il più delle volte basata sulla soddisfazione di bisogni e riconoscimenti materiali, dando luogo a comportamenti e manifestazioni individualistiche, egocentriche, di aggressività quando non sono considerati sufficienti.

L'analisi esistenziale può essere un prezioso riferimento nell'elaborazione di questi nuovi modelli, che saranno applicati con tanto maggior consenso quanto più la citata educazione ha sollevato la coscienza di tutti.

E) Re incanta l'uomo e il mondo

La ricerca del significato è alla base dell'Analisi Esistenziale. Ma in quale mondo avviene questa ricerca di senso?
- L'Universo è grandioso, affascinante o inquietante, accogliente o indifferente, il vero in sé che noi solo intuiamo, sapendo che forse non lo conosceremo mai davvero?
- Il mondo empirico, di cui abbiamo una percezione comune, e di cui sappiamo essere solo una rappresentazione fenomenica?
- O il mondo soggettivo della nostra personalità, che possiamo modificare noi stessi?

Tre livelli di comprensione e azione derivano da questo esercizio di responsabilità nella ricerca del significato:
- L'Universo che ci restituisce al nulla se ci sembra indifferente, ma che ci accresce se ci sentiamo associati al suo progetto.
- Il mondo empirico che percepiamo e rappresentiamo, che possiamo in parte modificare noi stessi per l'influenza diretta o indiretta che esercitiamo su di esso.
- Il nostro mondo interiore, fatto di materia organica e spirito, mosso da istinti, emozioni, riflessione, coscienza, e su cui possiamo agire in larga misura per costruire o trovare un significato.

Il progetto "trascendentale" dell'analisi esistenziale non è creare il mondo. Ma se l'Uomo non è il creatore del mondo, non è neppure un osservatore passivo. In un certo senso, egli stesso è un'autocostruzione soggettiva che costituisce un mondo all'interno del mondo indipendente.

Infatti, se l'idea che l'Universo, la vita, la coscienza, fossero il risultato delle sole forze del caso e della selezione, poteva sembrare convincente per un momento, ora appare altamente improbabile. Molto più plausibile è la tesi contraria che sostiene che il nostro Universo abbia una direzione, anzi una meta.

Le ipotesi di alcuni scienziati riconosciuti presumono seriamente che lo scopo dell'Universo sia generare coscienza. L'Universo genera la coscienza attraverso gli esseri viventi. La specie umana può essere meschina, ma l'esistenza dello spirito in un organismo su un pianeta dell'Universo, capace di percepirne la complessità e l'armonia, e di riflettere sul suo significato, è probabilmente di fondamentale importanza. L'uomo sembra essere un passo importante, ma ciononostante possiamo porci due domande:

- Occupa un posto privilegiato, anzi unico, come possessore di una coscienza capace di pensare al suo posto in questo Universo?
- Tutti gli uomini desiderano accedere a questa coscienza cosmica?

La risposta alla prima domanda viene, come abbiamo visto, dall'astrofisica e quindi dalla scienza. L'analisi esistenziale può ispirare alcune riflessioni in risposta alla seconda.

Ci descrive come esseri umani ideali dove lo spirito domina e usa istinti, emozioni, ragionamenti senza soffocarli, per mettere la sua energia al servizio di una dimensione noetica. Si vede però che la dimensione dello spirito non riguarda tutta la società, per il semplice motivo che una parte di essa la nega. Questa dimensione cominciò ad essere rifiutata, in Francia, dall'età dei Lumi, dalla classe colta, sedotta dal materialismo scientifico. Fu poi affiancato su questo punto da progressisti anticlericali. Di conseguenza, la sua invocazione viene interpretata come segno di reazione o superstizione, di regressione politica, sociale o culturale o anche intellettuale. **Il confronto storico tra materialismo e spiritualismo è stato nettamente vinto, nel XX secolo, per il materialismo.**

Il dualismo, che afferma la coesistenza di spirito e materia, è quindi difficilmente accettabile per chiunque voglia svolgere un ruolo pubblico, in quanto considerato sia irrazionale che antirepubblicano. Il riferimento allo spirito è diventato un indicatore sociale e politico, al punto che, all'inizio del XXI secolo, Il forte risorgere di una certa religiosità radicale, forse come reazione a questo trionfo del materialismo, è un fenomeno di domanda sociale e politica.

Tuttavia, Frankl sottolinea che "l'uomo ha bisogno di un sistema di orientamento o di un oggetto di abbandono; religione o filosofia", e che quindi la questione del senso conduce prima o poi alla questione di Dio. La psicologia non è lì per dare risposte alle domande religiose degli uomini. Ma una psicologia che non consideri la dimensione religiosa dell'uomo non copre tutto il suo dominio. L'analisi esistenziale non è legata alle religioni e non si pronuncia sulla loro dottrina, ma si interessa alla religiosità. Riconosce che la religione può determinare la vita degli uomini e considera il suo effetto sulla psiche delle persone. **In questo contesto, il concetto di spiritualità soffre ancora di più di essere ridotto a religione.**

L'analisi esistenziale concepisce il fenomeno della credenza non come credenza in un Dio ma come credenza in un significato onnicomprensivo. L'approccio di Frankl all'aspirazione si aggiunge, in un certo modo, alle riflessioni dei fisici Penrose o Espagnat, anch'essi ispirati dal misticismo cosmico che alcuni stimati pensatori come Spinoza, Kant o Einstein avevano già sviluppato. Questa terza via permette di superare l'opposizione tra spiritualisti religiosi e materialisti atei, passando dalla questione dell'esistenza di Dio a quella del senso che si trova nell'esistenza dell'Universo, della vita e della coscienza.

Ci troviamo, infatti, inevitabilmente di fronte al rapporto tra "il senso della propria vita", che comprende per sé, progetti da realizzare e uno scopo, e "il senso della vita", che è coerenza tra la vita umana e l'esistenza del mondo, che si può chiamare "senso cosmico". Sarebbe quindi una spiritualità ispirata da un Universo portatore di un progetto, inclusa l'origine di questo progetto, e che alcuni potrebbero forse descrivere come una richiesta divina.

In altre parole, possiamo re incantare l'uomo senza re incantare il mondo? Sembra possibile trovare un significato personale nella propria vita, senza ricorrere a un sistema cosmico. Questa è almeno la posizione di Sartre, Camus e molti altri, per i quali il mondo ha solo il significato che noi gli attribuiamo. Non ne ha di per sé. L'Universo è assurdo.

Tuttavia, quanto è facile, per un essere umano che aspira veramente a scoprire uno scopo, pensare a sé stesso in un mondo che non ne ha uno? "Questa finalità che creiamo non ci solleva efficacemente dal nostro disagio se continuiamo a ricordare che siamo noi l'istigatore... È molto più confortante credere che il significato sia là fuori e che lo abbiamo appena scoperto", scrive Irving Yalom, che però non crede in un senso superiore o cosmico. Continua inoltre, a sorpresa, citando Frankl: "credere nel senso della propria vita, senza credere nel senso della Vita, è come volersi arrampicare sulla corda di un fachiro, appeso al nulla". **Sembra assodato che il sentirsi connesso a qualcosa di più grande, che abbia anche un senso, generi un sentimento personale di significato.**

Lo stesso Irving Yalom, professore di psichiatria, descrive ciò che legittima una teoria psicologica. Sottolinea quanto concetti come il Super-io, l'Es, l'Io, gli archetipi, il sé idealizzato e il sé reale, l'autostima, gli stati di genitore, bambino e adulto, siano finzioni, creazioni intellettuali che non valgono solo per il loro potere esplicativo, e per la loro capacità di mobilitare la volontà di vivere: "questi sistemi esplicativi operano perché conferiscono un sentimento di padronanza personale e risvegliano la volontà indebolita".

Yalom, che, come ogni psicologo, aspira a che il suo campo sia considerato una scienza, applica alla psicologia solo una definizione di teorie scientifiche, che sono creazioni intellettuali valide solo per il loro potere di spiegare e prevedere i fenomeni. Pertanto, una teoria sostituisce la precedente quando spiega meglio i fatti osservati. La cosmologia di Einstein ha sostituito quelle precedenti di Newton e Tolomeo per questo motivo.

Certe interpretazioni psicologiche sono dunque superiori ad altre, non perché sembrino più profonde, ma perché più efficaci nel loro progetto di rassicurare e mobilitare la voglia di vivere. Il ragionamento di efficienza è quindi applicabile, e lui stesso lo applica, al "senso della sua vita" nella psicologia esistenziale. Sostenere di trovare un significato nella propria vita genera una maggiore volontà di vivere.

Logicamente, evocare un "senso della vita" che permetta al paziente di aderire più facilmente alla necessità di iscrivere in lui "il senso della sua vita", completerebbe razionalmente la teoria esistenziale. Ma finora la maggior parte degli psicologi, come Irving Yalom, si rifiuta di farlo. Perché la costruzione mentale "senso della vita" è accettabile per essere efficace e "senso della vita" non efficace se rende più credibile la prima?

Lo è, in effetti, perché va contro un'altra costruzione mentale, proveniente dalla regina delle scienze, la fisica, che fino ad ora definiva il mondo come esclusivamente materiale e deterministico, privo di mente e significato. Tuttavia, come abbiamo visto, sempre più scienziati pensano che l'universo, come la vita, sembri essere il risultato di un progetto significativo e non il frutto di un assurdo caso, allo stesso modo in cui molti matematici pensano di scoprire la matematica invece di crearli da zero.

Così, fino ad ora, la psicologia non era autorizzata a invocare un significato cosmico della vita o a inscrivere il significato terreno della nostra vita, pena di non essere qualificata come scienza dalla teoria esplicativa globale della fisica. D'ora in poi, quindi, la fisica, aggiornata, può tollerare, anzi suscitare questa ipotesi. **Sarebbe quindi razionale e scientifico che la psicologia inducesse questa ipotesi nella sua costruzione generale, poiché essa contribuisce più efficacemente alla sua raison d'être, che è sviluppare la volontà di vivere.**

Allo stesso modo, si può pensare che le religioni fossero costruzioni mentali valide solo per la loro capacità di rassicurare gli uomini e incanalare il loro bisogno di trascendenza, per tendere verso una meta più grande di loro stessi. A seconda del livello di conoscenza di ogni epoca, l'efficacia di questa o quella religione si è rivelata più o meno rilevante, spiegando l'evoluzione degli animismi verso i politeismi, e poi verso i monoteismi. La conoscenza odierna esprime il bisogno di coscienza, e ammette i limiti di una realtà fenomenica, e rivela una realtà totale in sé, molto più grande e complessa, indipendente e velata. Così, danno un posto di crescita a questa spiritualità cosmica, convinti che il significato di ogni vita sia essere parte del significato della vita e dell'Universo.

Pensare che l'Universo esista per generare una coscienza di cui sembriamo essere gli unici attuali possessori sul nostro orizzonte visibile è vertiginoso, ma vedere che non esercitiamo quella coscienza al livello che può giustificare la nostra condizione di umanità cosciente è angosciante. La personalità inconscia rimane primitiva, selvaggia, irrazionale. Se non è integrato nella coscienza attraverso un profondo lavoro psicologico, può esprimersi in qualsiasi momento in modo violento e barbaro, sia individualmente che collettivamente.

La pratica di una vita che integri una dimensione dello spirito, la realizzazione del processo di individuazione, costituivano già per Jung le uniche risposte adeguate al male che corrode l'essere umano e il mondo d'oggi.

Cambiare questo mondo che oscilla tra materialismo individualistico e dogmatismo religioso richiederà un'elevazione generale della coscienza individuale. L'analisi esistenziale di Viktor Frankl vuole contribuire a questo.

CONCLUSIONE

La nostra civiltà non ha liberato l'uomo come pretende di fare. Al contrario, sembra essere stato parzialmente alienato dall'individualismo egocentrico, dalla vanità consumistica, dall'infantilismo, persino dall'oscurantismo.

Lo psicologo americano David Barlow sottolinea come la percentuale di persone che soffrono di disturbi depressivi sia aumentata in modo significativo nell'ultimo mezzo secolo. Tra le spiegazioni plausibili cita l'inasprimento dell'individualismo, l'aumento delle esigenze di benessere personale e la diminuzione del sentimento di appartenenza a qualcosa di più grande di sé, la Patria, la Chiesa, la famiglia. Questo risultato verrebbe dal rifiuto volontario di ogni riferimento a un'entità superiore.

E in realtà sembra che la nostra società sia tanto più individualista, egocentrica, consumistica, materialista, in quanto le strutture educative, sociali, religiose e familiari di un tempo si sono indebolite, se non crollate. Questi valori ci hanno precedentemente guidato verso una vita orientata verso qualcosa di diverso da noi stessi. Se è vero che dove si sono conservate le credenze, non sempre si dimostra la realizzazione degli individui, forse siamo stati troppo orgogliosi nel nostro desiderio di emancipazione.

Siamo indeboliti dalla perdita delle nostre pietre miliari ancestrali, morali e psicologiche, che portavano, senza che ce ne rendessimo conto, i valori profondi che ci erano necessari. Questi non sono più sufficientemente promossi dalla nostra cultura attuale. Dobbiamo trovarli, reinventarli. **L'umanesimo, a lungo considerato un immenso progresso e sempre invocato, è fuorviante quando l'uomo che dovrebbe aver liberato non è altro che un individualista edonista egocentrico.**

Tra il processo di individualizzazione, derivato dallo sviluppo dell'io, e quello di individuazione, derivato dalla connessione con il sé, che Jung distingueva nettamente, fu privilegiato il primo, creando una società di individui individualisti. Occorre ora rivalutare l'essere pienamente individuato che conosce, al contrario, l'importanza del suo legame con ciò che lo circonda, gli esseri viventi, la natura, lo spirito.

L'approccio di Frankl, che raccomanda di ricercare quell'attrazione verso qualcosa che è al di là di noi, rivela poi tutta la sua attualità di fronte a questa constatazione. **L'analisi esistenziale propone all'individuo di comportarsi come un essere umano, con sé stesso e con gli altri. Un essere umano è colui che usa la sua coscienza morale, vuole essere libero nella sua volontà e si sente responsabile di quello che fa e di quello che smette di fare.** È colui che aspira ad essere un collaboratore nella comunità degli esseri umani, non un parassita, ea maggior ragione non un predatore.

Victor Frankl, chiedendo La questione del senso in psicologia proponeva una visione dell'uomo dotato di una dimensione immateriale dello spirito, giustificando questo bisogno di senso nella sua vita. Ciò è tanto più tangibile in quanto può far parte della convinzione di un significato superiore, di un significato ultimo. In tutti i circoli materialistici del suo tempo, questa posizione non poteva che essere respinta, perché contraria agli insegnamenti della scienza che confutavano la religione e il soprannaturale.

D'ora in poi la scienza, arricchita da molti lavori in tutti i campi, ammette da un lato che la materia non spiega tutta la realtà, e dall'altro che l'Universo sembra portare non solo un progetto di vita ma anche un progetto di coscienza, e quindi un progetto soprannaturale. Di fronte alla conoscenza del suo tempo, Frankl giudicò il significato ultimo non come una questione di pensiero, ma di fede. La scienza attuale ci permette di riconsiderare questa posizione. Il significato ultimo è davvero un argomento di pensiero e pensiero scientifico. Questo significato ultimo non è più soprannaturale, poiché viene dalla Natura. Il pensiero razionalista non è più razionale. La spiritualità deve basarsi sulla scienza e smettere di basarsi esclusivamente sul dogma religioso. **La scienza era stata creata staccandosi dall'animismo. D'ora in poi deve liberarsi dal materialismo.**

La nostra comprensione del mondo si è notevolmente evoluta nel corso dell'ultimo secolo. La teoria fisica del Big Bang, con le sue equazioni, è oggi accettata come la più credibile per descrivere il passato e il punto di partenza del cosmo. Tuttavia, non sappiamo ancora da dove provenga questa energia, queste forze, queste leggi, queste equazioni, che hanno permesso a questo punto di partenza di generare in 13,8 miliardi di anni, l'Universo, la vita e la coscienza. Ma notiamo che queste leggi della natura che hanno permesso questo dispiegarsi del Mondo sin dalla sua creazione fanno parte di un modello determinato fin dall'inizio.

L'uomo ha potuto verificare questo implacabile determinismo, che non è contraddetto dalla teoria del caos e dalla fisica quantistica, che ci mostrano non un indeterminismo del futuro ma un'indeterminabilità, cioè un determinismo che non sappiamo misurare e prevedere con precisione.

Nello stesso momento in cui l'intelligenza umana si è accorta della realizzazione di questo progetto, la coscienza che era sorta da questa intelligenza ha dimostrato la sua capacità di liberarsi da questa determinazione fino ad allora inesorabile. Infatti, ciò che è sotto l'azione di un essere dotato di coscienza, e quindi di libertà di volontà e di azione, non può essere predeterminato, per definizione. L'esercizio della coscienza è un elemento di indeterminatezza. **Vale a dire che il**

determinismo si ferma solo dove comincia la libera decisione dell'esercizio della coscienza.

Infatti, questa coscienza umana sembra essere, nel nostro orizzonte conoscibile, il primo e unico fattore di indeterminatezza dell'Universo. Lei sola permette all'uomo di decidere il contrario di ciò che vorrebbe la sua natura organica profonda, quindi ciò che il progetto iniziale dell'Universo gli aveva delineato a priori, lo aveva predeterminato. È possibile, anzi probabile, che altrove altre coscienze abbiano già posto fine a questa totale determinazione iniziale. Possiamo fare l'ipotesi fantastica di un progetto iniziale dell'Universo che preveda, al di là di uno sviluppo strettamente pianificato, un momento in cui deve emergere una capacità decisionale, di creazione, indipendente dall'Universo stesso. Questo momento è l'emergere della coscienza della vita, quindi una capacità di questa coscienza di influenzare parte della realtà per il futuro.

La scienza ci dipinge un Universo come un progetto in divenire e l'analisi esistenziale descrive un essere umano che, grazie alla sua coscienza e alla sua dimensione spirituale, è libero di aderirvi o meno, e che è capace di modificarne, senza dubbio, la forma infinitesimale., il corso inizialmente determinato.

Se l'apparizione della coscienza fa parte del progetto dell'Universo, allora non deve riguardare solo la specie umana. Si manifesta nell'uomo da circa 100.000 anni. Anche altre forme di vita terrestri, gli animali più avanzati, saranno dotati di coscienza e di una dimensione spirituale entro 100.000 anni, se ne avranno il tempo. Questa prospettiva dovrebbe indurci a riconsiderare tutta la vita, e in particolare la più evoluta, come capace di essere, un giorno nel futuro, dotata di coscienza e spirito. Il nostro comportamento nei loro confronti deve essere rivalutato nella sua interezza. L'uomo non è un essere separato. Si tratta ora di ripensare questo concetto di umanesimo, questa ideologia che riconosce solo l'uomo, e di arricchirla con qualcosa che interessa tutti gli esseri coscienti, attuali e futuri.

Per quanto riguarda la tesi della vita cosciente esistente altrove, su miriadi di altri pianeti, molti scienziati ora la considerano molto probabile, tanto comuni sono le condizioni che hanno permesso la nostra nell'Universo. La vera domanda su questo argomento, quindi, non si riferisce all'esistenza della vita extraterrestre, ma all'assenza delle sue manifestazioni. Il Premio Nobel per la Fisica Fermi aveva provato a riassumere in un famoso paradosso le possibili ragioni di questa assenza. Una delle ipotesi, logica e terrificante, è che queste vite si autodistruggano o regrediscano considerevolmente a un certo stadio di sviluppo, che impedisce qualsiasi comunicazione su lunghe distanze.

Possiamo vedere che la maggior parte delle civiltà umane del passato sono crollate ad un certo punto del loro sviluppo a causa di varie cause, carestie, guerre, epidemie, condizioni climatiche... che non potevano superare. Fino ad ora, le civiltà scomparse sono state sostituite da altre. D'ora in poi la civiltà è planetaria e sono in molti a pensare che sia in pericolo.

Tuttavia, la vita su più pianeti sembra essere stata registrata fin dall'inizio nel progetto iniziale dell'Universo, secondo un determinismo ineludibile che risulta dalle leggi fisiche delle origini. Questo progetto dell'Universo, determinato, anche se in parte imprevedibile, scritto da tempo immemorabile, poiché il tempo inizia per noi con la nascita del nostro Universo, organizzerebbe quindi un'autodistruzione o una regressione delle forme di vita quando raggiungono un certo livello di tecnicità. O almeno quelli che non avevano approfittato della propria coscienza per strapparsi al determinismo delle forze preconsce, degli istinti, delle pulsioni, delle emozioni, dell'intelligenza razionale, che li portavano alla rovina.

Ciò significherebbe che l'acquisizione della coscienza, determinata fin dall'inizio, è l'opportunità data alla civiltà che la utilizza, per sfuggire alla distruzione materialmente determinata. E l'assenza di segni di altra vita extraterrestre dimostrerebbe che questo esercizio salvifico della coscienza non è comune e quindi non acquisito. È molto probabile che ci troviamo in questa fase decisionale.

Il senso dell'Universo sarebbe allora, paradossalmente, quello di creare in modo deterministico una coscienza che permetta alla vita di sfuggire a questo determinismo, esercitando saggiamente la libertà che questa coscienza porta. In questo caso Frankl aveva colto parte del ruolo della coscienza, quello di dare un senso alla propria vita, alla vita di tutti. Ma in realtà la coscienza permetterebbe anche di dare senso alla Vita, nell'Universo.

Se l'uomo ha un posto nel progetto dell'Universo, lo occuperà solo elevandosi all'altezza di questo destino. Sappiamo che non stiamo creando l'ordine dell'Universo, ma stiamo crescendo nella nostra consapevolezza di quell'ordine che è già lì. Abbiamo potuto percepire che nulla è definitivamente acquisito in questa ascensione e che le regressioni sono troppo frequenti e sempre senza speranza. La nostra civiltà umana è fragile, fallibile e sulla via dell'autodistruzione, per mancanza di sufficiente consapevolezza.

In questo contesto evidentemente intimidatorio, l'analisi esistenziale costituisce soprattutto una riflessione sulla condizione umana, sottolineando l'urgenza di distinguere tra determinismo e libero arbitrio, materia e spirito. Frankl era convinto che la specificità dell'uomo risiedesse nella sua dimensione dello spirito, che si esprimeva in questa coscienza portatrice di libertà, responsabilità e bisogno di senso. Se oggi il pensiero di Frankl seduce perché risponde a una certa domanda crescente di ricerca di senso o di spiritualità, respinge anche per la sua altra dimensione, ancora inscindibile, di responsabilità e libertà. Questo pensiero, però, non disdegna in alcun modo coloro che soffrono, vittime di ingiustizie o di una miserabile sorte, e l'aiuto materiale che può e deve essere loro dato, ma considera che questo aiuto sarà sempre incompleto finché ci sarà no risvegliato la forza e la volontà di mettere la vita in una direzione che la supera. **È l'essenza dell'Analisi esistenziale permettere all'uomo di liberarsi dalle catene del suo passato, di liberarsi dal peso del presente, di superare tutto ciò che è stato descritto come un determinismo insormontabile, grazie a questa dimensione dello spirito che lo avremo aiutato a identificarsi e manifestarsi.**

...

Si prega di inviare suggerimenti, correzioni o commenti personali al traduttore gillet.joel@gmail.com

Se questo libro ti è piaciuto, scrivi una recensione sul sito dove l'hai acquistato. Grazie, questo fa la differenza.

Autori di riferimento

Alfred **Adler** (1870-1937): medico, psicoterapeuta austriaco; Fondatore della psicologia individuale.
David **Barlow** - Psicologo americano, professore di psicologia e psichiatria alla Boston University.
Niels **Bohr** (1885-1962): fisico, chimico e filosofo della scienza danese; professore all'Università di Copenaghen; Premio Nobel per la fisica.
Jean-Pierre **Changeux**: neurobiologo francese, genetista; Professore all'Istituto Pasteur e al College de France.
Rémy **Chauvin** (1913-2009); biologo francese; Professore all'Università di Strasburgo.
Nicholas **Copernicus** (1473-1543): astronomo, medico e matematico polacco; padre della teoria dell'eliocentrismo.
Francis **Crick** (1916-2004): biologo britannico; Premio Nobel per la fisiologia.
Antonio **Damasio:** medico portoghese, neurologo, psicologo; professore universitario in California
Anne **Dambricourt:** paleoantropologa francese; direttore della ricerca del CNRS e dell'Università di Compiègne.
Charles **Darwin** (1809-1882): naturalista, paleontologo, filosofo, scrittore inglese; padre della moderna teoria dell'evoluzione.
Paul **Davies:** fisico, scrittore britannico; professore universitario di cosmologia.
Christian **de Duve** (1917-2013): biologo e medico belga; Premio Nobel per la medicina.
Gilles **Deleuze** (1925-1995): filosofo francese; Professore universitario a Parigi.
Renato **Descartes** (1596-1650); Matematico, filosofo, fisico francese; ispirazione del cartesianesimo e della filosofia moderna.

Paul **Dirac** (1902-1984): matematico e fisico britannico;
Premio Nobel per la fisica.
Albert **Einstein** (1879-1955): fisico tedesco; Premio Nobel
per la fisica.
Enrico **Fermi** (1901-1954): fisico italo-americano; Premio
Nobel per la fisica.
Cynthia **Fleury:** filosofa e psicoanalista francese; Professore
presso il Centro Nazionale per le Arti e i Mestieri.
Viktor **Frankl** (1905-1997): psichiatra, psicologo, neurologo e
filosofo austriaco; professore all'Università di Vienna;
fondatore della logoterapia/analisi esistenziale.
Sigmund **Freud** (1856-1939): neurologo austriaco; fondatore
della psicoanalisi.
Galileo (1564-1642): fisico, matematico, astronomo,
geometra italiano; considerato il fondatore della fisica
moderna.
Michael **Gazzaniga:** psicologo americano, neurobiologo;
professore universitario a New York.
Kurt **Gödel** (1906-1978): logico e matematico americano;
professore all'Università di Princeton.
Yuval Noah **Harari:** storico israeliano; Professore
all'Università di Gerusalemme.
Stephen **Hawking** (1942-2018): fisico, cosmologo britannico;
Professore all'Università di Cambridge.
Martin **Heidegger** (1889-1976): filosofo tedesco; uno dei
filosofi più importanti del XX secolo.
Werner **Heisenberg** (1901-1976): fisico tedesco; Premio
Nobel per la fisica nel 1932; uno dei fondatori della
meccanica quantistica.
Edwin **Hubble** (1889-1953): astronomo americano;
dimostrato l'esistenza di altre galassie oltre alla Via Lattea.
Edmund **Husserl** (1859-1938): filosofo, logico prussiano;
fondatore della fenomenologia.

Karl **Jaspers** (1883-1969): filosofo, psichiatra svizzero-tedesco; uno dei padri dell'esistenzialismo.

Carl Gustav **Jung** (1875-1961): psichiatra, psicoterapeuta svizzero; Fondatore della psicologia analitica.

Immanuel **Kant** (1724-1804): filosofo prussiano; Esercitò una notevole influenza sulla fenomenologia e la filosofia moderne.

Johannes **Kepler** (1571-1630): astronomo e matematico tedesco; Ha definito matematicamente le traiettorie dei pianeti.

Soren **Kierkegaard** (1813-1855): filosofo, scrittore e teologo danese; padre dell'esistenzialismo cristiano.

Pierre-Simon de **Laplace** (1749-1827): matematico, fisico, astronomo e politico francese.

Georges **Lemaitre** (1894-1966): fisico, astronomo e matematico belga; Professore all'Università di Leuven.

Frédéric **Lenoir:** sociologo, scrittore, giornalista francese;

Benjamin **Libet** (1916-2007): neurobiologo, psicologo americano; professore universitario a San Francisco.

Karl **Marx** (1818-1883): filosofo, storico, sociologo, economista, giornalista, teorico della rivoluzione prussiana.

Abraham **Maslow** (1908-1970): psicologo, sociologo americano; professore universitario; padre dell'approccio umanistico in psicologia.

Rollo **May** (1909-1994): psicologo, scrittore e psicoterapeuta esistenzialista americano; professore universitario ad Harvard e Yale.

Jacques **Monod** (1910-1976): biologo, biochimico francese; Premio Nobel per la medicina.

Isaac **Newton** (1643-1727): matematico, fisico, astronomo e filosofo inglese; Professore all'Università di Cambridge.

Blaise **Pascal** (1623-1662): matematico, fisico, filosofo e teologo francese.

Roger **Penrose:** matematico, cosmologo, filosofo della scienza britannico; Premio Nobel per la fisica 2020; Professore all'Università di Oxford.

Steven **Pinker:** psicologo canadese; filosofo, antropologo; professore universitario ad Harvard e Stanford.

Max **Planck** (1858-1947): fisico tedesco; Premio Nobel per la fisica.

Otto **Rank** (1884-1939): psicologo e psicoanalista austriaco.

Carl **Rogers** (1902-1987): psicologo umanista americano; fondatore della psicoterapia chiamata "approccio centrato sulla persona".

Ernest **Rutherford** (1871-1937) - Fisico e chimico neozelandese; padre della fisica nucleare Premio Nobel per la Chimica.

Jean-Paul **Sartre** (1905-1980): filosofo e scrittore esistenzialista francese; Offro il premio Nobel per la letteratura, che ha rifiutato.

Max **Scheler** (1874-1928): sociologo, filosofo e antropologo tedesco; Professore universitario a Colonia.

Erwin **Schrödinger** (1887-1961): fisico austriaco; Premio Nobel per la fisica.

George **Smooth:** astrofisico americano, cosmologo; Premio Nobel per la fisica.

Trinh Xuan **Thuan:** astrofisico vietnamita-americano; professore all'Università della Virginia.

John **Wheeler** (1911-2008): fisico americano; professore all'Università di Princeton.

Irvin **Yalom:** psichiatra americano, psicoterapeuta esistenzialista; professore alla Stanford University.

Thomas **Young** (1773-1829): fisico, medico inglese; famoso per i suoi esperimenti ottici.

Riferimenti bibliografici

Bitbol Miguel, 2000. *Physique et philosophie de l'esprit,* Parigi, Flammarion.

Damasio Antonio, 2017. *L'Ordre étrange des choses,* Parigi, Odile Jacob.

D'Espagnat Bernard, 2002. *Traité de physique et de philosophie,* Parigi, Fayard. 2015 *A la recherche du réel,* Parigi, EHKO. 2014. *Le monde quantique,* Parigi, Editions Matériologiques.

Frankl Viktor, 2017. *Retrouver le sens de la vie,* Parigi, Interéditions. 2019. *Le nostre ragioni di vivere,* Parigi, Interéditions.

Fleury Cynthia, 2020. *Ci-gît l'Amer,* Parigi, Gallimard.

Harari Yugal Noah, 2015. *Sapiens, una breve storia dell'umanità,* Parigi, Alvin Michel.

Hawking Stephen, 1989. *Una breve storia dei tempi,* Paris, Flammarion. 2011.

E at-il un grand architecte dans l'Univers? Parigi, Odile Jacob.

Kühn Rolf, 2015. *Logothérapie et phénomenologie,* Parigi, L'Harmattan.

Laplante Dominique, 2005. *Pensare, c'est-à-dire?* Parigi, Armand Colin.

Lenoir Frédéric, 2014. *Le Christ philosophe,* Parigi, Plon.

Le Vao Pascal, 2006. *Una psicoterapia esistenziale. La logothérapie di Viktor Frankl,* Parigi, L'Harmattan.

Meyer Catherine, 2008. *Les nouveaux psys.* Parigi, Le Arenes.

Penrose -Roger, 2019. *Les deux infinis et l'esprit humain,* Parigi, Champs.

Pinker Steven , 2018. *Le triomphe des Lumières,* Parigi, Actes Sud. 2017. *La part d'ange en nous,* Parigi, Les Arènes.

Reeves Hubert, 2017. *Le banc du temps qui passe,* Parigi, Le Seuil.

Sartre Jean-Paul, 2001. *L'existentialisme est un humanisme,* Parigi, Gallimard.

Staune Jean, 2007. *Notre exist at elle un sens?* Parigi, LaRinascimento.

Yalom Irvin, 2010. *Terapia esistenziale,* Galaade.

Zwirn Hervé, 2000. *Les limites de la connaissance,* Parigi, Odile Jacob.

www.ingramcontent.com/pod-product-compliance
Lightning Source LLC
Chambersburg PA
CBHW070851260726
48661CB00004B/1348